Gerd Treschhaus

Outdoor & GPS-Führer

Laacher See

Gerd Treschhaus

Outdoor & GPS-Führer Laacher See

Auf den Spuren des Pfalzgrafen
Heinrich II. von Laach

Wandern, Geschichten & Geocaching
rund um den Laacher See

Bibliografische Information der Deutschen Nationalbibliothek:

Die Deutsche Nationalbibliothek verzeichnet die Publikation in der Deutschen Nationalbibliographie; detaillierte Daten sind im Internet über www.d-nb.de abrufbar.

Der Autor ist dankbar für Hinweise auf Veränderungen, die bis zum Druck einer neuen Auflage auf meiner Homepage veröffentlicht werden.

Homepage: www.gerdtreschhaus.de   Email: treschhaus@gmx.de

Redaktion, Foto, Bilder: Gerd Treschhaus

Lektorat: Helga Schmitt

Rundwanderungen bei www.gpsies.com

Herstellung und Verlag: BoD - Books on Demand, Norderstedt

ISBN 978-3-73224-447-8   Preis: 12,90 €

Inhalt

Vorwort

Seit fast 1000 Jahren leuchten die Türme der Basilika Kloster Maria Laach in der Sonne. Die Basilika ist direkt am Laacher See gelegen, dem größten See in RLP.

Erst 13 Jahre alt ist dagegen das Hobby des Geocaching. Mittlerweile sind zahlreiche Geocaches im Gebiet rund um den Laacher See versteckt worden und können geloggt werden.

Für viele Familien ist das Gebiet rund um den Laacher See als Naherholungsgebiet ein lohnendes Ziel, was die hohe Besucherfrequenz an den Wochenenden beweist.

Historische Fakten, humorvolle Geschichten aus dem Leben des Begründers der Abtei, Heinrich II von Laach, die Geheimnisse des Klosters Maria Laach und das noch junge Hobby des Geocaching auf zahlreichen Rundwanderungen miteinander zu verbinden, ist das Ziel dieses Outdoor- & GPS-Führers. Die Aktualität bezieht sich auf den Stand vom Mai 2013.

Die Wanderungen und Geocaches lassen sich jeweils über einen QR-Code direkt aufrufen und auf das Smartphone oder das Navigationsgerät herunterladen.

Als besondere Beigabe sind in einem Teil der Geocaches zusätzliche QR-Codes versteckt. Werden sie aktiviert, so erklingt ein kurzer Podcast oder ein YouTube-Video.

Dieser Outdoor- & GPS-Führer soll mit seinen Geschichten und Legenden eine humorvolle Ergänzung zu den bereits vorliegenden Publikationen sein. Allen Lesern dieses Führers wünsche ich viele angenehme Stunden am Laacher See.

Wassenach, Juni 2013

Gerd Treschhaus

Geschichten aus dem Pfalzgrafenreich Laach

Manchmal werde ich gefragt: „Gibt es das Pfalzgrafenreich Laach wirklich?"

Und ich antworte: „Natürlich! Das Pfalzgrafenreich Laach liegt am Laacher See, in der Osteifel. Jeder Mensch, der genug Phantasie hat, kann es sehen."

Und das ist wirklich wahr!
Im Pfalzgrafenreich Laach herrscht ein Pfalzgraf, der Pfalzgraf Heinrich II. von Laach. Er wohnt mit seiner Ehefrau Adelheid in einer mächtigen Burg, die hoch über den Laacher See ragt. Manche wollen sogar gesehen haben, wie die Burg über den Wipfeln der Bäume mal hier und mal dort zu sehen ist. Und wer weiß schon ganz genau, was Phantasie oder Wirklichkeit ist.

Das Pfalzgrafenehepaar hat eine Tochter, Liesbeth von Laach heißt das schöne Kind. Sie ist wirklich hübsch und gut gewachsen. Viele Verehrer aus anderen Reichen werben um sie. Aber Liesbeth von Laach ist ein wenig zu stolz, um jetzt schon einen der Freier zu ihren Ehemann zu erwählen.

Die Ehefrau des Pfalzgrafen hat einen Spitznamen, nämlich Hulde. Der Name Hulde erinnert den Pfalzgrafen immer an Holunderblüten – ja! So romantisch ist der Pfalzgraf. Er selbst hat auch einen Spitznamen, gerne lässt er sich mit ‚Herr König' anreden. Und irgendwie ist er ja auch ein ‚König'.

Dem Pfalzgrafen dienen zwei Ritter, Kunibert und Kanibert, die ihm treu ergeben sind.

Kunibert bewacht das Burgtor. Jeden Morgen lässt er die Zugbrücke herunter und abends zieht er sie wieder rauf. Tagsüber passt er am Burgtor auf und kontrolliert genau, wer die Burg betritt und wer sie wieder verlässt. Besonders viel hat er nicht zu tun und so findet Kunibert, dass er einen recht lockeren Job hat.

Kanibert ist dagegen für die Sicherheit im Pfalzgrafenreich zuständig. Mit seiner Lanze unter dem Arm marschiert er durch das Pfalzgrafenreich Laach, schaut mal hier und schaut mal da. Um die Sicherheit im Pfalzgrafenreich Laach ist es also nicht schlecht bestellt, und Kanibert hat so gut wie nichts zu tun. Und so findet auch Kanibert, dass er einen recht lockeren Job hat.

Wie die beiden Ritter allerdings aussehen, das weiß wohl nur der Pfalzgraf, denn die beiden Ritter treten immer nur in ihrer vollen Rüstung auf. Und das bedeutet eben auch, dass sie einen Helm tragen und damit für das einfache Volk nicht von Angesicht zu Angesicht zu erkennen sind. Die Sache mit dem Helm ist auch oft recht unpraktisch, die Ritter können mit dem aufgesetzten Helm ja selbst nicht so viel herumschauen. Und so kommt es schon einmal vor, dass Kunibert gegen eine geschlossene Tür läuft oder Kanibert über einen Baumstamm fällt, was beim Volke zu viel Gelächter und zotigen Witzen über die beiden geführt hat.

Auch wenn das Pfalzgrafenreich Laach etwas mittelalterlich anmutet, er ist doch modern. Das Pfalzgrafenreich Laach verfügt nämlich über eine Pferdebahn. Diese besteht aus den Pferden Emma und Lotta, drei Anhängern und natürlich dem Pferdebahnführer Oskar.

Oskar ist ein fleißiger und kluger Mann, der sich nichts anderes vorstellen kann, als eben Pferdebahnführer zu sein.
Das Pfalzgrafenreich Laach ist schnell beschrieben: Im Zentrum des Pfalzgrafenreiches liegt der Laacher See. Er ist ein Überbleibsel vom Laacher Vukan, der vor 13.000 Jahren hier seine Lava in den Himmel spie. Dann brach er eines Tages zusammen und der Laacher See entstand. Oben auf dem Kraterrand steht die ansehnliche Burg, in der der Pfalzgraf mit seiner Familie samt Hofstaat wohnt.

Die Pferdebahn führt direkt an der Burg vorbei. Wenn Oskar mit seiner Pferdebahn Emma und Lotta von hierweiter fährt, so gelangt er zunächst zur „Alten Mühle". Dort lebt ganz allein der Einsiedlermönch Bathalomäus. Jeden Morgen mahlt er fürs Reich das benötigte Korn und stellt es an die Pferdebahnhaltestelle. Oskar holt das frisch gemahlene Korn jeden Mittag ab und lässt dem Einsiedlermönch ein warmes Mittagessen aus der Burgküche zurück.

Dann geht die Fahrt weiter zum Kloster Maria Laach. Hier müssen Emma und Lotta erst ein wenig bergauf und dann geht es bergab zum Kloster.

Das Kloster Maria Laach liegt am Laacher See genau gegenüber der Burg. Von hier führt die Pferdebahnstrecke weiter den ‚Kraterrand' entlang. Bald hat Oskar eine Pferdebahnabzweigung erreicht. Und hier, im alten Häuschen, wohnt Oskar. Später wird aus diesem Haus das Hotel Waldfrieden entstehen.

Von hier aus führt eine Strecke durch das Brohltal bis an das Ufer des Rheines. Hier nimmt Oskar die Post und auch den einen oder anderen Passagier in Empfang.

Für Emma und Lotta ist es nun natürlich recht mühsam, wieder den langen Weg hinauf zum Laacher See zu schnaufen. Aber es macht ihnen doch sichtlichen Spaß.

Vom Häuschen führt der zweite Weg entlang dem ‚Kraterrand' nach Nickenich.

Nickenich ist der einzige größere Ort im Pfalzgrafenreich Laach. Hier wohnen die meisten Untertanen des Pfalzgrafen. Sie sind Bauern und pflanzen die berühmten Kartoffeln an – das gelbe Gold. Und weil die Kartoffeln in den anderen Reichen so begehrt sind, gibt es im Pfalzgrafenreich auch nur eine Steuer: die Kartoffelsteuer.

In Nickenich gibt es auch eine Pferdebahnhaltestelle mit Gebäude. Diese ist gleichzeitig Hotel für die Gäste und Kaufladen fürs Dorf. Hier lädt Oskar das frisch gemahlene Mehl und auch die Post ab, soweit sie nicht für den Pfalzgrafen bestimmt ist, was aber meist der Fall ist.

Mit frischem Brot, Brötchen und Kuchen fährt Oskar mit seiner Emma und Lotta weiter durch den Wald, vorbei am Waldsee zur Burg, wo sich die Runde schließt und die Reise endet.

Der Pfalzgraf und sein Hofstaat freuen sich natürlich über die Post, das frische Gebäck und eigentlich könnte die Welt im Pfalzgrafenreich Laach ganz in Ordnung sein – ja, wenn da nicht neulich Folgendes passiert wäre...

Geschichte der Pfalzgrafenburg am Laacher See

Burg Laach, auch *Pfalzgrafenburg* genannt, ist eine salische Burgstelle am Laacher See gegenüber der Abtei Maria Laach. Die Burgstelle liegt im Gemeindegebiet der Ortsgemeinde Nickenich im Landkreis Mayen-Koblenz.

Sie lag auf einem Felssporn, der seinerzeit wegen des 15 m höheren Seespiegels eine Halbinsel war, oberhalb des Ostufers des Sees und war vorübergehend Sitz der rheinischen Pfalzgrafen. Pfalzgraf Heinrich von Laach aus dem Haus Luxemburg-Gleiberg († 1095) stiftete 1093 das Kloster Laach (monasterium ad lacum). Die Burg Laach (castellum ad lacum) wurde 1112 vom Stief- und Adoptivsohn des Pfalzgrafen, Siegfried von Ballenstedt, auf Betreiben der Abtei abgerissen, die damit vor Eingriffen seitens des Burgherrn, des Pfalzgrafen, absolut sicher sein wollte. Der Abriss der Burg bedeutete für Siegfried keinen großen Verlust, da er mit Burg Rheineck über eine weitere Burg in dieser Gegend verfügte.

Die 170 m lange Burganlage teilte sich in zwei Abschnitte, den ovalen Teil zum See hin, den langgestreckten zur Landseite. Ein mächtiger Halsgraben schloss die östliche Landseite ab. Zwei Abschnittsgräben zwischen den beiden Burgbereichen boten weiteren Schutz. Steinerne Turmbauten sind durch ihre Fundamente (drei quadratische Türme mit 4,5 m bzw. 8 m Seitenlänge) nachweisbar. Die übrigen Bauten waren vermutlich in Holz ausgeführt.

Zu Beginn des 16. Jahrhunderts waren noch wenige Reste der Burg sichtbar. Heute weisen nur noch geringe Spuren und die Flurbezeichnungen „Laacher Burg" und „Alte Burg" auf ihre ehemalige Existenz hin.

(Quelle: Wikipedia)

Des Pfalzgrafen Albtraum oder

„Der Hase auf der Insel"

Pfalzgraf Heinrich II. von Laach erscheint am Frühstückstisch, an dem bereits Liesbeth, seine Tochter und seine Ehefrau Adelheid Platz genommen haben. Pflichtbewusst fragt seine Ehefrau: „Nun, mein Herr König, wie habt Ihr geschlafen?"

„Nicht besonders gut! – Hatte einen Albtraum", antwortet er mürrisch.

„Oh, erzählt doch mal!"

Und der Pfalzgraf erzählt:

„Mitten auf dem Laacher See war eine kleine Insel. Auf ihr lebten ein Hase, ein Ochse und ein Wildschwein.

Nun hatte der Hase sehr wenig Platz auf der Insel. Immer musste er aufpassen, dass er nicht von einem der beiden anderen getreten wurde. Lange dachte der Hase über dieses Problem nach, und eines Tages hatte er eine Idee.

Er ging zum Ochsen und sagte: „He, Ochse! Ich will mit dir meine Kräfte messen!" Der Ochse war sehr erstaunt und antwortete: „Du willst mit mir deine Kräfte messen?" „Ja! Wir werden uns imTauziehen messen", und band dem Ochsen ein Tau um seinen Fuß. „Wenn ich bis drei gezählt habe, dann zieh", rief er dem Ochsen zu und hoppelte auf die andere Seite der Insel.
Hier fand er das Wildschwein und sagte zu ihm: „He, Wildschwein! Ich will mit dir meine Kräfte messen!" Das Wildschwein war ebenfalls erstaunt und antwortete: „Du willst mit mir deine Kräfte messen?" „Ja! Wir werden uns im Tauziehen messen", und band dem Wildschwein das Tau um seinen Hals. „Wenn ich bis drei gezählt habe, dann zieh".

Nach diesen Worten eilte der Hase in die Mitte der Insel und zählte laut bis drei.

Da zog er Ochse an der einen Seite des Taues und das Wildschwein zog an der anderen Seite des Taues. Und beide wunderten sich über die mächtige Kraft des Hasen.

Der Hase aber knabberte das Tau langsam durch. Und als es in der Mitte durchriss, da machte es auf der einen Seite ‚irrrrrrsch – batsch' und auf der anderen Seite machte es ‚irrrrrrsch – batsch'.
Seitdem hat der Hase viel Platz auf der Insel.“

„Oh! Das ist eine schöne Geschichte“, ruft Adelheid, seine Ehefrau. Der Pfalzgraf schaut zu ihr über den langen Tisch. Und irgendwie wurde ihm beim Anblick seiner Ehefrau warm uns Herz, auch wenn er das natürlich nie zugeben würde.

Nach einiger Zeit fügt er seiner Erzählung sanft hinzu: „Ja – es war ein Albtraum!“

Für einen weiteren Moment herrscht Schweigen im Raum.

Dann beugt sich der Pfalzgraf ein wenig über den Tisch und stöhnt: „Der Hase – es war der Osterhase“.

Rundwanderung: Der Hasenweg

Der Hasenweg ist ein gemütlich anzugehender Rundwanderweg für die ganze Familie. Er beginnt auf dem Parkplatz des Hotels Waldfrieden. Auf seinem Lauf lassen sich ein Geocache und ein Munzee finden. Die Rundwanderung hat eine Länge von 3,01 km und beginnt auf dem Parkplatz des Hotels Waldfrieden. Der Cache beinhaltet auch einen QR-Code für einen Podcast und einen Munzee.

Der Hasenweg ist bei gpsies.com gelistet. Siehe QR-Code.

Geocache zur Geschichte: Des Pfalzgrafen Albtraum

Typ: Tradi
GC-Code: **GC49XFV**
OC-Code:
QR-Code: ja, im Cache
Schwierigkeit: 2
Terrain: 2,5
Größe: klein

Geschichten-Geocaching

Grüne Laubbäume, ein glitzernder See und jede Menge frische Luft: Schätze gibt es viele am Laacher See in der Osteifel zu entdecken. Mit dem neuen interaktiven Angebot Geschichtencaching ist zum ‚normalen' Geocaching ein ganz besonderes hinzugekommen.

Geschichtencaching ist eine innovative Verbindung aus Buchliteratur- und Naturerlebnis: Mit einem internetfähigen Smartphone ‚bewaffnet', begeben Sie sich auf eine packende Rundwanderung, bei der allein Geokoordinaten den Weg weisen.

Hinter den an verschiedenen Hinweisschildern gut sichtbar aufgetragenen Geheimcodes, die sich mittels einer QR-Code-Applikation kinderleicht dechiffrieren lassen, verbirgt sich der Podcast einer spannenden Geschichte oder ein YouTube-Video. Und der Laacher See mit seiner Geschichte wird hierbei auf eine völlig neue Art und Weise kennengelernt.

Begonnen hat das Geschichten-Geocaching mit dem Podcast „Des Pfalzgrafen Albtraum" & „Der Piratenschatz".

Es werden benötigt:

Ein Smartphone mit Internetzugang.

Eine beliebige QR-Reader-App, die Sie in der Regel kostenlos über Ihren App-Store herunterladen können.

Eine ebenfalls zumeist kostenlose App zur Navigation mittels Geokoordinaten.

Geschichte zur Gründung des Klosters Maria Laach

Der erste Pfalzgraf bei Rhein Heinrich von Laach, der sich nach seiner Burg Laach auf dem väterlichen Erbe als Einziger „zu Laach" nannte. Diese Burg war über dem Ostufer des Laacher Sees gelegen. Er gab der Kirche das Versprechen, für sein und seiner Gemahlin Seelenheil und dazu als Grablege
für beide wegen ihrer Kinderlosigkeit ein Kloster auf der gegenüberliegenden Seite des Sees am Südwestufer zu gründen.

Der Platz war wegen der Frischwasserversorgung durch den „Beller Bach" und die gute Zugänglichkeit weise gewählt. So gründete er 1093 gemäß seinem Versprechen mit seiner Gemahlin Adelheid von Weimar-Orlamünde († 28. März 1100) unter dem Doppelpatrozinium der Heiligen Jungfrau Maria und des Heiligen Nikolaus gegenüber seiner Burg am Südwestufer des Sees die Abtei mit dem Namen „Abbatia ad Lacum" (Abtei am See), auch „Abtei Laach"" genannt. Dabei ist das zu „Laach" verschliffene althochdeutsche Wort „lacha" (von lat. lacus, -ūs m. – See) als Name für den See, den Ort und das Kloster erhalten geblieben.

(Quelle: Wikipedia)

Familiengeheimnisse oder „Des Pfalzgrafen neue Kleider"

Vor vielen Jahren ergab es sich, dass der Pfalzgraf Heinrich II. von Laach ungeheuer viel auf neue Kleider hielt, so dass er all sein Geld dafür ausgab, um recht schön herausgeputzt zu sein. Er kümmerte sich nicht um seine Soldaten, kümmerte sich nicht um sein Volk und liebte es nicht, in den Wald zu laufen um zu jagen, er mochte nur seine neuen Kleider zeigen. Er hatte einen Rock für jeden Tag; und ebenso, wie man von einem König sagten würde, er ist im Rat, so sagte man hier immer: "Der Pfalzgraf ist in der Garderobe!"

In dem nächsten großen Dorf, in Nickenich, ging es sehr munter zu. An jedem Tag kamen viele Fremde an, und eines Tages waren auch zwei Betrüger dabei, die gaben sich als Weber aus und sagten, dass sie den schönsten Stoff, was man sich denken könne, zu weben verstünden. Die Farben und das Muster seien nicht allein ungewöhnlich schön, sondern die Kleider, die aus diesem Stoffe genäht würden, sollten die wunderbare Eigenschaft besitzen, dass sie für jeden Menschen unsichtbar seien, der nicht für sein Amt tauge oder der unverzeihlich dumm sei.

"Das wären ja prächtige Kleider", dachte der Pfalzgraf, "wenn ich solche hätte, könnte ich immer nur schön sein. Ja, das Zeug muss sogleich für mich gewebt werden.

Er gab den beiden Betrügern viel Handgeld, damit sie ihre Arbeit beginnen sollten. Diese stellten auch zwei Webstühle auf; taten, als ob sie arbeiteten, aber sie hatten nicht das Geringste auf dem Stuhle. Trotzdem verlangten sie die feinste Seide und das prächtigste Gold, das steckten sie aber in ihre eigene Tasche und arbeiteten an den leeren Stühlen bis spät in die Nacht hinein.

„Nun möchte ich doch wissen, wie weit sie mit dem Zeuge sind!", dachte der Pfalzgraf, aber es war ihm beklommen zumute, wenn er daran dachte, dass keiner, der dumm sei oder schlecht zu seinem Amte tauge, es sehen könne. Er glaubte zwar, dass er für sich selbst nichts zu fürchten brauche, aber er wollte doch erst einen andern senden, um zu sehen, wie es damit stehe.

Alle Menschen in der ganzen Stadt wussten, welche besondere Kraft das Zeug habe, und alle waren begierig zu sehen, wie schlecht oder dumm ihr Nachbar sei. „Ich will meinen alten, ehrlichen Kanibert zu den Webern senden", dachte der Pfalzgraf, "er kann am besten beurteilen, wie der Stoff sich ausnimmt, denn er hat Verstand, und keiner versieht sein Amt besser als er!"

Nun ging Kanibert in den Saal hinein, wo die zwei Betrüger saßen und an den leeren Webstühlen arbeiteten. „Gott behüte uns!", dachte Kanibert und riss die Augen auf. „Ich kann ja nichts erblicken!" Aber das sagte er nicht. Beide Betrüger baten ihn, näher zu treten und fragten, ob es nicht ein hübsches Muster und schöne Farben seien. Dann zeigten sie auf den leeren Stuhl, und der arme Kanibert riss immer noch die Augen auf, aber er konnte nichts sehen, denn es gab nichts zu sehen.

„Herr Gott", dachte er, „sollte ich dumm sein? Das habe ich nie von mir geglaubt, und das darf kein Mensch wissen! Sollte ich nicht zu meinem Amte taugen? Nein, es geht nicht an, dass ich erzähle, ich könne das Zeug nicht sehen!" „Nun, Sie sagen nichts dazu?", fragte der eine von den Webern. „Oh, es ist recht hübsch, ganz allerliebst!", antwortete Kanibert und sah durch seine Brille. „Dieses Muster und diese Farben! Ja, ich werde dem Pfalzgraf sagen, dass es mir sehr gefällt!" „Nun, das freut uns!" sagten beide Weber, und darauf benannten sie die Farben mit Namen und erklärten das seltsame Muster. Kanibert merkte gut auf, damit er die Angaben wiederholen konnte könne, wenn er zum Pfalzgrafen zurückkommt. Und vor dem Pfalzgrafen lobte er die Arbeit der beiden in den höchsten Tönen.

Nun verlangten die Betrüger mehr Geld, mehr Seide und mehr Gold zum Weben. Sie steckten alles in ihre eigenen Taschen, auf den Webstuhl kam kein Faden; aber sie fuhren fort, wie bisher an den leeren Stühlen zu arbeiten. Der Pfalzgraf sandte bald wieder einen anderen tüchtigen Soldaten aus, um zu sehen, wie es mit dem Weben stehe und ob das Zeug bald fertig sei; es ging diesem aber gerade wie dem ersten, er guckte und guckte, weil aber außer dem Webstuhl nichts da war, konnte er nichts sehen. „Ist das nicht ein ganz besonders prächtiges und hübsches Stück Zeug?", fragten die beiden Betrüger und zeigten und erklär-

ten das prächtige Muster, das gar nicht da war. „Dumm bin ich nicht",
dachte der Soldat, „es ist also mein gutes Amt, zu dem ich nicht tauge!"
Daher lobte er das Zeug, das er nicht sah, und versicherte den Betrügern seine Freude über die schönen Farben und das herrliche Muster.
„Ja, es ist ganz allerliebst!", sagte er zum Pfalzgrafen.

Alle Menschen in der Stadt sprachen von dem prächtigen Zeuge. Nun
wollte der Pfalzgraf es selbst sehen, wenn es noch auf dem Webstuhl
wäre. Mit einer ganzen Schar auserwählter Soldaten ging er zu den beiden listigen Betrügern hin, die nun aus allen Kräften webten, aber ohne
Faser oder Faden.

„Ja, ist das nicht prächtig?" sagten die Schar Soldaten. „Wollen Eure
Grafschaft sehen, welches Muster, welche Farben?" Und dann zeigten
sie auf den leeren Webstuhl, denn sie glaubten, dass die andern das
Zeug wohl sehen könnten. „Was ist das?", dachte der Pfalzgraf, „ich sehe gar nichts! Das ist ja erschrecklich! Bin ich dumm? Tauge ich nicht
dazu, Pfalzgraf zu sein? Das wäre das Schrecklichste, was mir geschehen könnte." „Oh, es ist sehr hübsch", sagte er, „es hat meinen aller-
höchsten Beifall!" Und er nickte zufrieden und betrachtete den leeren
Webstuhl; er wollte nicht sagen, dass er nichts sehen könne.

Das ganze Gefolge, das er mit sich hatte, schaute und schaute, aber es
bekam nicht mehr heraus als alle die andern, doch sie sagten gleich wie
der Pfalzgraf: „Oh, das ist hübsch!", und sie rieten ihm, diese neuen
prächtigen Kleider das erste Mal bei dem großen Feste, das bevorstand,
zu tragen. „Es ist herrlich, von großer Schönheit, ausgezeichnet!", ging
es von Mund zu Mund, und man schien allerseits hocherfreut darüber.

Die ganze Nacht vor dem Morgen des Festes, waren die Betrüger auf
und hatten sechzehn Lichter angezündet, damit man sie auch recht gut
bei ihrer Arbeit beobachten konnte. Die Leute konnten sehen, dass sie
stark beschäftigt waren, des Pfalzgrafen neue Kleider fertig zu machen.
Sie taten, als ob sie das Zeug aus dem Webstuhl nähmen, sie schnitten
in die Luft mit großen Scheren, sie nähten mit Nähnadeln ohne Faden

und sagten zuletzt: „Sieh, nun sind die Kleider fertig!"

Der Pfalzgraf mit seinen vornehmsten Soldaten kam selbst, und jeder der Betrüger hob einen Arm in die Höhe, gerade, als ob er etwas hielt, und sie sagten: „Seht, hier sind die Beinkleider, hier ist das Kleid, hier ist der Mantel!", und so weiter. „Es ist so leicht wie Spinnweben; man sollte meinen, man habe nichts auf dem Körper, aber das ist gerade die Schönheit dabei!"

„Ja!", sagten alle Soldaten, obwohl Sie nichts sehen konnten, denn es war ja nichts da. „Belieben Eure Grafschaft, Ihre Kleider abzulegen", baten die Betrüger, „so wollen wir Ihnen die neuen hier vor dem großen Spiegel anziehen!"

Der Pfalzgraf legte seine Kleider ab, und die Betrüger taten so, als ob sie ihm jedes der bereits gefertigten Kleider anzögen. Der Pfalzgraf drehte und wendete sich vor dem Spiegel. „Ei, wie gut sie ihn kleiden, wie herrlich sie sitzen!" sagten alle, „welches wunderbare Muster, welche leuchtenden Farben! Das ist ein kostbarer Anzug!" „Draußen stehen mit dem Thronhimmel, die Leute mit dem Thronhimmel für den Umzug bereit", meldete Kanibert.

„Seht, ich bin ja fertig!" sagte der Pfalzgraf. „Sitzt das Gewand nicht gut?" Dann wendete er sich nochmals zu dem Spiegel, denn es sollte scheinen, als ob er seine Kleider betrachte.

Schließlich setzte er sich in die Pferdebahn und ließ sich nach Nickenich fahren, wo er sich seinem Volk in seinen neuen Kleidern zeigen wollte. Am Pferdebahnhof stieg er aus.

Die Jungfrauen, die um die herrliche Schleppe zu tragen, griffen auf den Fußboden, taten als ob sie die Schleppe aufhöben. Sie schritten hinter dem Pfalzgrafen her mit der imaginären Schleppe in den Händen und versicherten, sich nichts anmerken zu lassen.

So ging der Pfalzgraf unter dem prächtigen Thronhimmel, und alle Menschen auf der Straße und in den Fenstern sprachen: „Wie sind des Pfalzgrafen neue Kleider unvergleichlich! Welche herrliche Schleppe hat der Umhang! Wie vortrefflich die Gewänder passen!" Keiner wollte es sich anmerken lassen, dass er nichts sah; denn dann hätte er ja nicht zu seinem Amte getaugt oder wäre sehr dumm gewesen. Keine Kleider des Pfalzgrafen hatten solches Glück gemacht wie diese.

„Aber er hat ja gar nichts an!", rief endlich ein kleines Kind. „Hört die Stimme der Unschuld!", sagte der Vater; und einer zischte dem andern zu, was das Kind gesagt hatte.

„Aber er hat ja gar nichts an!", rief zuletzt das ganze Volk. Das ergriff den Pfalzgrafen, denn das Volk schien ihm recht zu haben, aber er dachte bei sich: „Nun muss ich das aushalten." Und die Jungfrauen gingen und trugen die nicht vorhandene Schleppe.

Danach zog sich der Pfalzgraf in seine Burg zurück und dachte lange nach. Immer wieder trat er vor den Spiegel und betrachtete sich. Schließlich hatte er einen Entschluss gefasst: Er zog seinen Alltagsrock an schloss den Kleiderschrank.

Da der Pfalzgraf nun seine Zeit nicht mehr vor dem Spiegel und in der Kleiderkammer verbrachte, konnte er sich seinem Reich widmen, dass sich bald von des Pfalzgrafen Putzsucht erholte.

Für ihn und seine Untertanen begann eine friedvolle und sozial ausgeglichene Zeit.

(Quelle: nach einem Märchen von Anderson)

Rundwanderung: Der Pfalzgrafen-/Königsweg

Mit gutem Blick auf den Laacher See wurde der Pfalzgrafen-/Königsweg als Rundwanderung eingerichtet. Er führt durch den Bio-Klostergarten, hinauf zur alten Burg und wieder zurück. Er ist mittelschwer und mit 5,3 km Länge gut für Familien geeignet.

Der Pfalzgrafen-/Königsweg ist bei gpsies.com gelistet. Siehe QR-Code.

Geocache zur Geschichte:

Des Königs neue Kleider

Typ: Tradi
GC-Code: **GC3NRVN**
OC-Code: **OCE3EA**
QR-Code: nein
Schwierigkeit: 2
Terrain: 2,5
Größe: normal

Weitere Geocaches

Die alte Bimsgrube am Laacher See	GC12XH7
Laacher See: Schlackenkegel	GC20KX6
Laacher See: Rötlicher Tuffbruch	GC25N7Q
Alte Bäume	GC24X28
Stumpfsinnig	GC2TZ3T
Teufelsblick	GC13PHN
Urzeit der Eifel – 4: Bimseruption	GC102MW
Fulbert Stollen	GC1ZMW8
Madonna hinter Gittern	GC2323H
Scharfe Knüppchen	GC21DTP
Vergessenes Steinkreuz	GC219R8
Schein oder sein	GC3N3DA

Munzee

Info-Parkplatz
K69 – Mitfahrer
A61 – Amerkanische Pause

Für das leibliche Wohl – Essen und Trinken

Im Einzugsgebiet dieses Outdoor & GPS-Führers rund um den Laacher See gibt es einige Rast- und Einkehrmöglichkeiten.

Blockhaus Laacher See	Restaurant am Campingplatz
Hotel Waldfrieden	Restaurant Via Laach
Restaurant Müller	Wassenach
Hotel Restaurant Burgklause	Nickenich
Vulkan Stüffje	Nickenich
Café Zur Linde	Nickenich
Gasthaus „Zum goldenen Stern"	Nickenich
Seehotel Maria Laach	Maria Laach
Klostergut & Hofladen	Maria Laach, Bio mit Imbiss
Bier- & Weinstube „Im Eichenkamp"	Maria Laach
Naturfreundehaus	Laacher See
Tönisteiner Sprudel	Quellwasser (kostenlos)
Hotel Schloss Burgbrohl	Burgbrohl
Gasthaus Jägerheim	Brohltal
Super Tipp! Vulkan-Brauhaus	Mendig

Noch ein Tipp!
Wandern am Laacher See und Essen im Kolpinghaus Andernach.
25% auf das Hauptgericht (Bitte vorher einen Tisch bestellen).

Parken am Laacher See

Hauptparkplatz am Laacher See Kloster Maria Laach	kostenpflichtig
Parkplatz am Campingplatz	kostenpflichtig
Parkplatz beim ehemaligem Naturkundemuseum	kostenlos

Weitere Parkplätze sind örtlich ausgewiesen.

Der Einsiedlermönch Bathalomäus und der Feuerdrache Zoromir

In der ‚Alten Mühle' lebt der Einsiedlermönch Bathalomäus. Seine Aufgabe ist es, jeden Vormittag Korn zu mahlen und es gegen Mittag an der Pferdekutschenhaltestelle bereitzustellen. Nachmittags hat er frei und geht seinen religiösen Pflichten nach.

Eines Tages geschah Folgendes:

Der Einsiedlermönch Bathalomäus saß unter dem Baum am Seeufer und meditierte, wie es für einen Mönch üblich ist. Sein Blick schweifte über den See, dessen Wellen sich nur leicht kräuselten.

Dann sah er ihn! Mitten auf dem Laacher See stand ein leibhaftiger Drache auf einem alten Baumstamm und glitt über das Wasser. Und anscheinend machte es ihm sichtlich Freude. Dem Einsiedlermönch Bathalomäus stockte fast das Herz als er sah, wie der Drache sich seiner Bank näherte. Er hörte den Drachen ein Lied singen, und dann grüßte der Drache den Einsiedlermönch Bathalomäus, als wäre es das Selbstverständlichste auf der Welt.

„Guten Tag, Werter Mönch", rief der Drache, „erschreckt Euch nicht. Ich bin es nur, der Zoromir! Und ich komme in friedlicher Mission."
Doch dem Einsiedlermönch Bathalomäus fiel vor lauter Angst fast das Herz aus der Hose. Er starrte den Drachen nur an.

Der landete am Ufer, richtete sich vor dem Einsiedlermönch Bathalomäus auf, beugte sich herab und versuchte, ein Gespräch mit ihm in Gang zu bringen.

„Aber lieber, kleiner Mönch, du brauchst wirklich keine Angst zu haben, ich bin schließlich nur ein ganz gewöhnlicher Drache. Eigentlich sogar ein recht junger und kleiner Drache." Doch das war nur ein schwacher Trost für den Mönch und so stammelte er: „Tu mir nur bitte nichts!"

Der Drache erwiderte freundlich: „Nein, ich tue dir nichts. Ich bin an Menschen gewöhnt, musst du wissen. Jahrzehntelang war ich als Drachenheizer für das Feuer bei einem Schmied in Brot und Arbeit, wie ihr Menschen wohl sagen würdet. Aber eines Tages wollte ich nicht mehr sein Sklave sein. Doch so einfach weggehen konnte ich auch nicht, denn ich war mit einer soliden Kette angebunden. Da habe ich mir einen ‚Scherz' erlaubt. Ich habe dem Schmied den Po mit einem kleinen Feuerstoß angezündet. Der Schmied fand das gar nicht gut und hat mich von der Kette befreit und fortgejagt. Ja! So war das." Der Drache überlegte einen Moment, dann fügte er hinzu: „Ist noch gar nicht lange her – erst zwei Tage".

Der Drache holte tief Luft und der Einsiedlermönch Bathalomäus fürchtete schon, der Drache würde gleich Feuer auf ihn speien. Aber das geschah nicht.
„Weißt du zufällig, wo ich einen Unterschlupf hier in der Nähe finde?", fragte ihn der Drache. Der Einsiedlermönch Bathalomäus überlegte. „Nun", sagte er, „hier im umliegenden Gebiet haben schon die Römer Steine tief unter der Erde abgebaut. Dadurch sind große Höhlen entstanden. Da dürfte selbst für einen Drachen wie dich genug Platz sein."

Da bedankte sich der Drache und schwang sich auf seinen Holzstamm, mit dem er erneut über den Laacher See surfte – diesmal Richtung Kloster Maria Laach.

Gegen Abend saß der Einsiedlermönch Bathalomäus in der alten Mühle und dachte über das Erlebnis mit dem Drachen nach. Er beschloss, dem

Abt des Klosters Maria Laach, sozusagen seinem Chef, den Vorfall zu melden.

Gleich am anderen Morgen ging der Mönch zum Abt und berichtete ihm. Der Abt war so aufgebracht und voller Angst über diese Neuigkeiten, dass er sogleich zur Burg aufbrach, um dem Pfalzgrafen die unglaubliche Geschichte zu erzählen. Als der Pfalzgraf Heinrich II. von Laach die Neuigkeit hörte, geriet auch dieser in große Aufregung. Schließlich hatte er eine wunderschöne Tochter im heiratsfähigen Alter. Und war es nicht Sitte bei den Drachen, Jungfrauen zu fressen? Besonders gerne adelige Jungfrauen?

Für Pfalzgraf Heinrich II. von Laach stand fest: Der Drache musste wieder weg! Und wer anderes als sein zweiter Ritter, Kanibert, konnte den Drachen besiegen und ihn von dem Übel befreien? So ließ er Ritter Kanibert rufen und verkündete ihm seinen Befehl. Ritter Kanibert war auf solch eine Aufgabe nun wirklich nicht vorbereitet. Er überlegte lange. Wie konnte er diese Aufgabe ablehnen? Nach einiger Zeit kam ihm ein rettender Gedanke.
Er beugte sich tief zu dem Pfalzgrafen herunter und sagte leise: „Werter Herr König, nur zu gerne würde ich Eurem Wunsche entsprechen und den Drachen, dessen Name Zoromir ist, für Euch und auch für Eure liebreizende Tochter erlegen. Doch wie soll ich das tun, wo ich doch kein Pferd habe, mit dem ich die Burg standesgemäß verlassen kann?"

Da hatte Ritter Kanibert recht. Ein Ritter ohne Pferd konnte nicht gegen einen Drachen kämpfen! Der Pfalzgraf seufzte tief. Doch schon hatte er den rettenden Gedanken! „Unten auf der Weide an der ‚Alten Mühle' sind vier Esel auf der Weide. Vielleicht könntet Ihr einen der Esel nehmen?"

Doch Kanibert verneinte mit aller Dringlichkeit.
Da wurde der Pfalzgraf böse. Nun war es ihm egal, wie Ritter Kanibert den Drachen erlegte, Hauptsache er tat es und rettete so das Leben seiner geliebten Tochter! Ritter Kanibert sah schließlich ein, dass es keine Ausflüchte mehr gab und nahm sein Schicksal auf sich.

Um wenigstens die Form zu wahren sprach er wieder leise: „Da hatten wir doch vor einiger Zeit eine Theaterveranstaltung, in der ein Pferdekostüm mitspielte. Und wenn vielleicht der Koch und sein Gehilfe hineinschlüpfen würden, so könnte ich doch wenigstens zum Schein auf einem Pferd aus der Burg heraus gegen den Drachen reiten."

Die Idee hätte vom Pfalzgrafen selbst stammen können. Doch dann fiel ihm aber ein, dass das Theaterpferd blau gewesen war und sagte es auch dem Ritter Kanibert.

„Ach, das macht nichts!", gab der zurück, „es gibt ja auch lila Kühe, warum nicht auch ein blaues Pferd?"

Und so geschah es. Der Koch und sein Gehilfe wurden gerufen, und auch das Pferdekostüm wurde herbeigeschafft. Die beiden krochen in das Pferdekostüm, und Ritter Kanibert schwang sich samt seiner Lanze auf das blaue Pferd. Er gab ihm die Sporen und bald ging es aus der Burg hinaus, der alten Mühle unweit des Sees entgegen.

Der Koch hielt unter dem Pferdekostüm nicht lange durch, war er doch etwas dicklich, wie es einem Koch aus der Burgküche gebührte, und brach schon nach einigen hundert Metern unter der Last zusammen. Aber das machte Ritter Kanibert komischerweise nichts aus! Er hatte ehrenhaft die Burg im Kampf gegen einen echten Drachen verlassen - nun konnte er auch zu Fuß weiter marschieren.

Mit seiner Lanze unter dem Arm wanderte Kanibert zur ‚Alten Mühle', dann einmal um den ganzen Laacher See herum. Vom Drachen fand er keine Spur. Und das war ihm auch recht so! Schließlich ging er zum Pfalzgrafen und berichtete ihm, dass kein Drache im ganzen Pfalzgrafenreich Laach zu sichten sei. Diese Kunde beruhigte den König nun gar nicht, war er doch sehr um das Leben seiner Tochter besorgt. Aber was sollte er machen?

Einige Tage später kam ihm eine Idee. Der Einsiedlermönch hatte doch von des Drachen Suche nach einem Unterschlupf berichtet. Und waren da nicht die Basalthöhlen unter dem Berg? Hatte der Drache dort etwa Unterschlupf gefunden?

Der Pfalzgraf rief seinen Ritter Kunibert zu sich. „Der Drache muss gefunden und getötet werden", rief er ihm zu, „geh in die Höhlen unter dem Berg, finde ihn und schlage ihm den Kopf ab! Das ist mein Befehl!"

Ritter Kunibert ergab sich seinem Schicksal. Aber nicht als Ritter wollte er in die Höhlen eindringen, sondern standesgemäß als Henker gekleidet. Im Burgverließ fand er eine Henkersmütze und ein altes Henkersbeil. Damit machte er sich auf den Weg und fand auch bald den Höhleneingang.

Seltsamerweise brauchte er keine Fackel. Die Höhle war in ein leicht bläuliches Licht gehüllt. Nach kurzer Zeit hörte er ein leises Stöhnen und ab und zu Schnarchgeräusche. Kein Zweifel! Der Drache war hier in der Höhle und zwar ganz in der Nähe.

Bald stand Kunibert vor dem Drachen. Eigentlich sah er nur einen riesengroßen, grünlichen Fleischberg, aus dessen einem Ende immer wieder ein kleiner Feuerstrahl entstieg.

„Das Töten hat noch Zeit", dachte Kunibert. Er zog einen Weinschlauch vom Gürtel und trank genüsslich, während er sich den Drachen näher anschaute, denn schließlich sieht man nicht jeden Tag einen Drachen.

Alsbald baute sich Kunibert vor dem Drachen auf. Er hob das Beil, bereit, den tödlichen Schlag zu führen. Da öffnete der Drache ein Auge und schaute ihn direkt an. Kunibert ließ sein Henkersbeil sinken, griff zum Weinschlauch und lächelte.

„Was willst du von mir?", sprach der Drache, „ich, der Feuerdrache Zoromir habe dir doch nichts getan." „Nun", begann Kunibert und ließ das Beil sinken, „ich, der Ritter des Pfalzgrafen Heinrich II. von Laach habe den hohen Befehl erhalten, dich zu töten."

Kunibert schaute den Feuerdrachen an und der Feuerdrache schaute Ritter Kunibert an. Nach einer langen Pause und zwei weiteren Schlucken hörte er den Feuerdrachen fragen: „Warum will der Pfalzgraf Heinrich II. von Laach mich töten lassen?"
Das konnte Kunibert ihm sagen: „Weil du sonst seine Tochter Liesbeth frisst. Dann dass Drachen adelige Jungfrauen fressen, das weiß hier im Pfalzgrafenreich doch jedes Kind."

Der Feuerdrache schloss wieder sein Auge. Lange geschah nichts.

Dann stöhnte er laut und unglaublich lange. „Hör zu!", sprach er, „ich fresse keine Jungfrauen, auch keine adeligen, du Zwerg. Ich bin Vegetarier. Ich lebe von Tannenzapfen, von Stroh und Brot und nicht von Jungfrauen."

„Oh, Entschuldigung!", antwortete Kunibert, „das habe ich nicht gewusst." Und nach einer weiteren langen Pause: „Ja, wenn das so ist, so brauche ich dich eigentlich auch gar nicht zu töten!" Mit diesen Worten trank Kunibert die letzten Schlucke aus seinem Weinschlauch dabei wurde es ihm recht leicht ums Herz.

„Dann werde ich zum Pfalzgrafen zurückkehren und ihm berichten. Schließlich hat er ja jetzt einen Untertanen mehr in seinem Reich."
„Ja, tu es!", waren die letzten Worte, die der Feuerdrache von sich gab, denn dann war er schon wieder eingeschlafen.

Und so kam es, dass Ritter Kunibert dem Pfalzgrafen genau Bericht erstattete und der Pfalzgraf sich immer mehr mit dem Gedanken anfreundete, einen ‚besonderen Untertanen' in seinem Pfalzgrafenreich zu haben – einen Drachen eben!

Es wurde ein Vertrag zwischen dem Pfalzgrafen Heinrich II. von Laach mit dem Feuerdrachen Zoromir geschlossen. Der Feuerdrache würde dem Bäcker in Nickenich den Ofen mit seinem Feueratem beheizen und dafür die alten Brote und Brötchen zum Fressen erhalten.

Ja! So lebt und gedeiht seit jener Zeit der Feuerdrache Zoromir im Pfalzgrafenreich Laach.

Und welches Pfalzgrafenreich sonst kann das von sich behaupten?

Historisches zum Laacher See

Der Laacher See befindet sich in der Vulkaneifel nahe der Abtei Maria Laach. Der Calderasee ist der größte See in Rheinland-Pfalz.

Der letzte Ausbruch des ehemaligen „Laacher Vulkans" erfolgte etwa 10.930 v. Chr. Spuren der vulkanischen Tätigkeit finden sich heute noch in der Form vulkanischer Ausgasungen.

Der ovale See ist mit rund 3,3 km² der größte See in Rheinland-Pfalz und befindet sich in der Vordereifel (Osteifelvulkangebiet) in der Nähe der Städte Andernach (8 km), Bonn (37 km), Koblenz (24 km) und Mayen (11 km), nördlich von Mendig (Autobahn-Anschlussstelle der A 61, 3 km).

Der See ist vollständig von einem durchschnittlich 125 m hohen Wall umgeben und weist eine Tiefe von 53 m auf. Er wird hauptsächlich von Grundwasser gespeist und besitzt keinen natürlichen Abfluss. Die sich heute in 275 m ü. NN befindende Wasseroberfläche schwankte früher um 15 m, was Landwirtschaft schwierig machte.

Im Mittelalter wurde der Überlieferung nach der 880 m lange Fulbert-Stollen Richtung Süden als Überlauf gebaut, um das Kloster vor den Hochwassern zu schützen.

Gerd Otto verweist in seinem Buch darauf, dass es wohl die Römer waren, die den Stollen gegraben haben.

Zwischen 1840 und 1845 bauten die Familien *Delius* und *von Ammon* (damalige Eigentümer des säkularisierten Klostergutes und Sees) einen ca. 10 m tiefer liegenden parallelen Stollen zum Absenken des Wasserspiegels auf das heutige Niveau, um Land- und Weideflächen zu gewinnen. Der See verlor durch beide Abzugsstollen etwa ein Drittel seiner Wasserfläche.

Obwohl der Laacher See weithin als das größte Maar der Vulkaneifel gilt, ist er wissenschaftlich gesehen kein Maar und auch kein echter Kratersee, sondern eine wassergefüllte Caldera – ein Einbruchkrater, der nach Entleeren der Magmakammer unterhalb des Vulkankegels durch einen Einsturz entstanden ist. Dabei fällt der Vulkanberg in sich zusammen, und nur der Ringwulst am äußeren Rand bleibt zurück. Im Laufe der Zeit füllt sich der zurückbleibende Kessel mit Wasser. Der Laacher See ist in der Eifel, neben dem benachbarten *Wehrer Kessel*, die größte Caldera und die einzige wassergefüllte in Mitteleuropa.

Der letzte Ausbruch dieses Vulkans, der diese Caldera schuf, fand etwa im Jahr 10.930 v. Chr. statt. Er dauerte nur wenige Tage und bestand aus einer plinianschen Hauptphase, die von phreatomagmatischen Explosionen eingeleitet und auch beendet wurde.

Dabei wurden riesige Mengen vulkanische Asche und Bims ausgeschleudert, welche die Gegend bis ins Rheintal bis zu sieben Meter dick bedeckte. Das Auswurfmaterial verstopfte die Talenge des Rheins an der Andernacher Pforte, der dadurch aufgestaute See erstreckte sich über das Neuwieder Becken bis in die Gegend der Moselmündung. Die feineren Ablagerungen der Explosion sind noch bis nach Schweden in quartären Sedimenten als schmaler Bimshorizont (bekannt als *Laacher-See-Tephra, LST*) zu finden, der Geowissenschaftlern und Archäologen zur Datierung dient.

Die gesamte Auswurfmenge betrug etwa 6 km³ Stammmagmavolumen, entsprechend ca. 16 km³ vulkanischer Lockermassen (Tephra), was einem Wert von 6 auf der von 0 bis 8 reichenden Skala des Vulkanexplosivitätsindex entspricht. Damit war der Ausbruch anderthalbmal so stark wie der des Pinatubo 1991, oder 6-mal so stark wie der Ausbruch des Mount St. Helens 1980.

Aufsteigendes Kohlenstoffdioxid in der südöstlichen Uferzone des Sees (sogenannte Mofetten) zeigt auch heute noch (2012) die vulkanische Aktivität der Region (Vulkanpark). Vulkanologen und Geologen gehen davon aus, dass vom Laacher See zurzeit keine Gefahr ausgeht. Vor dem Hintergrund der langen Vulkantätigkeit in der Eifel ist die Möglichkeit eines Vulkanausbruchs jedoch nicht von der Hand zu weisen, wenngleich das nicht im Gebiet des Laacher Sees der Fall sein muss. Zwischen dem ersten Auftreten von Magma unter dem Laacher See und seinem gewaltigen Ausbruch zum Ende der letzten Eiszeit vergingen mindestens 17.000 Jahre.

Gemessen an diesen langen Zeiträumen ist ein neuer Ausbruch des Vulkans innerhalb der nächsten Jahrtausende „sehr wahrscheinlich", meint der Geologe Gerhard Wörner von der Universität Göttingen, der an einer neuen Untersuchung beteiligt war.

(Quelle: Wikipedia)

Rundwanderung: Der Drachenweg

Der Drachenweg führt durch den Nickenicher Wald. Er ist 3,66 km lang. Breite, oft begangene Wege führen vom Parkplatz Tumulus, Nickenich, durch den Mischwald. Auf dem Weg der Rundwanderung findet ihr eine Letterbox und einen Munzee.

Der Drachenweg ist bei gpsies.com gelistet. Siehe QR-Code.

Geocache zur Geschichte: Der Drachenweg

Es ist ein Letterbox Hybrid und führt über mehrere Stationen. Ab der ersten Station, bis hierher benötigt ihr ein Navigationsgerät, ist er mit Hilfe der Wegbeschreibung gehbar. Es ist ein Stempel zusätzlich notwendig, da es sich ja um eine Letterbox handelt. Sehr gut für Familien als ,Abenteuerwanderung' geeignet.

Der Feuerdrache Zoromir vom Laacher See

Typ: Letterbox Hybrid
GC-Code: **GC439JP**
OC-Code: -
QR-Code: nein, aber ein Munzee
Schwierigkeit: 2
Terrain: 2,5
Größe: Normal

Weitere Geocaches

Nickenicher Trasswand	GC35HY8
Tumulus	GCKBD0
Willkommen in .. Nickenich	GC3Y0AT
Der rote Läufer	GC3WR0D
Barbara-Bank	GC3VQP8
309NHN	GC3WV56
Rex	GC3WR0K
Eppelsbergruine	GC3WMEF

Bauer Uhlenbrink und der Hahn Valentin, der goldene Eier legte

Die Geschichte von Bauer Uhlenbrink und seinem Hahn Valentin spielte auf einem Bauernhof am Laacher See, der zum Kloster Maria Laach gehörte. Hier gab es noch Kühe auf der Weide, Schweine im Pferch und einen echten Misthaufen.

Zum Bauernhof gehörte auch ein Hühnerhaus.

In ihm lebte und regierte Hahn Gockel. Gockel war ein sehr stolzer und überaus schöner Hahn. Ja, er hatte wunderschöne Schwanzfedern in den Farben des Regenbogens. Oft stand er am Laacher See und betrachtete voller Bewunderung seine schönen Schwanzfedern, die sich im See wiederspiegelten.

Zu Gockels Lieblingsbeschäftigung gehörte es, jeden Morgen den Misthaufen zu besteigen und mit einem kräftigen Hahnenschrei den neuen Tag anzukündigen.

Der Hahn Gockel war so eitel, dass er felsenfest davon überzeugt war, dass, würde er einmal nicht den neuen Tag herbeikrähen, der neue Tag gar nicht kommen würde.

Hahn Gockel war Herr über vierunddreißig Hennen. Eigentlich taten sie gar nicht viel. Meistens saßen sie auf der Stange und gackerten so vor sich hin, spazierten über die Wiese, kratzen und scharrten mal hier und mal da und fanden auch manchmal einen Wurm. Brav legten sie jeden Tag ein Ei.

So ging das Leben im Hühnerhaus Tag für Tag seinen gewöhnlichen Gang.

Von Zeit zu Zeit überließ Bauer Uhlenbrink den Hühnern einige Eier zum Ausbrühten. Die Natur hat es nun klugerweise so eingerichtet, dass die geschlüpften Küken sowohl Hennen als auch Hähne sind.

Die weiblichen Küken waschen zu Hennen heran, die später wieder brav Eier legen. Die männliche Nachkommenschaft hingegen wird, wenn sie das entsprechende Gewicht erreicht hat, als Brathähnchen verkauft.

Nun begab es sich, dass eines dieser Hähnchen, sein Name war Valentin, Eier legen konnte. Allerdings legte er keine gewöhnlichen Eier, sondern goldene! Nacht für Nacht legte er ein glänzendes Ei.

Bauer Uhlenbrink konnte es gar nicht fassen, was er jeden Morgen fand. Er legte sich nachts auf die Lauer, um das Geheimnis zu ergründen. Hahn Valentin aber ängstigte sich bei der Beobachtung und alles, was er legte, war gewöhnlicher Hühnerdreck.

„Na, so was", sagte der Bauer. In der nächsten Nacht jedoch, ohne Beobachtung, legte der Hahn wieder ein glänzendes goldenes Ei.

Der Bauer fragte den Medicus aus Nickenich, ob ein Hahn goldene Eier legen könne. „Von wegen", meinte der Medicus, „wer hat dir denn diesen Bären aufgebunden?" „Niemand", meinte der Bauer, „nur, dass mein Hahn Valentin goldene Eier legt."

Der Medicus ging mit zum Bauernhof und legte sich auf die Lauer. Der Hahn bekam es wiederum mit der Angst zu tun und legte nur ganz gewöhnlichen Hühnerdreck. „Na bitte", sagte der Medicus am anderen Morgen, „hab' ich doch gesagt. Der Hahn legt keine Eier – auch keine goldenen Eier." Damit kehrte er nach Nickenich zurück.

In der nächsten Nacht legte der Hahn wieder ein glänzendes goldenes Ei

Bauer Uhlenbrink hatte auch eine Frau. Diese schickte der Bauer mit einem Korb voller goldener Eier zum Abt ins Kloster Maria Laach und ließ fragen, ob das Kloster ihr dafür Geld gäbe. Der Bruder Vorsteher glaubte, dass die Bäuerin die goldenen Eier gestohlen hatte, deshalb sagte er ihr: „Warte einen Augenblick. Ich werde das klären." Und er holte den Abt des Klosters. Der Abt sah den Korb mit den goldenen Eiern und fragte die Bäuerin, woher sie die goldenen Eier habe.

„Wir haben einen Hahn, der goldene Eier legt", sagte die Bäuerin.

„Ach was, das gibt es doch nicht!", sagte der Abt, „wenn das wahr ist, kaufe ich den Hahn für 100 Taler." Hundert Taler waren

in der damaligen Zeit ein großes Vermögen und die Bäuerin willigte freudig ein.

Der Abt ließ den Hahn, der goldene Eier legte, vom Bruder Gärtner im Kloster untersuchen; und tatsächlich, ertastete dieser ein Ei im Bauch des Hahns.

Der Abt kaufte den Hahn für 100 Taler und setzte ihn in eine alte Mönchszelle, deren Fenster er inzwischen hatte zumauern lassen. In der Zelle war es stockdunkel und feucht. Der Hahn kriegte Angst und legte fortan nur ganz gewöhnlichen Hühnerdreck.

Da ließ der Abt ein ganz normales Ei golden anmalen und reiste zu seinem Erzbischof nach Trier.

Der Erzbischof wollte wissen, woher er dieses goldene Ei habe. „Ach, ich habe einen Hahn, der goldene Eier legt", sagte der Abt fast beiläufig.
„Ist das die Möglichkeit?", antwortete der Erzbischof und bot dem Abt 1000 Taler für den Hahn. „Nur Euch zuliebe", sagte der Abt und verkaufte den Hahn.

Der Erzbischof setzte Hahn Valentin in einen goldenen Käfig, der aus dem feuchten Verließ des Domes stammte, und ließ ihn rund um die Uhr von seinen Knechten bewachen. Da wurde der arme Hahn ganz krank vor Angst und wollte nichts mehr fressen.

Der Erzbischof fragte seinen Oberlandschaftsgärtner, was Hähne, die goldene Eier legen, so fressen.

Der Gärtner wusste es nicht, hatte aber eine Vermutung: „Vielleicht fressen sie Goldstaub." Und der Erzbischof fütterte den Hahn nunmehr mit feinem Goldstaub. Aber der Goldstaub schmeckte fürchterlich fade, der Hahn bekam Durchfall und legte entsetzlich viel ganz gewöhnlichen Hühnerdreck - mit Goldstaub vermischt.

Daraufhin brachte der Erzbischof den Hahn zum Abt des Klosters Maria Laach zurück und wollte seine 1000 Taler zurückhaben.

Der Abt brachte den Hahn zum Bauer Uhlenbrink zurück und wollte seine 100 Taler wiederhaben. Und der Bauer Uhlenbrink setzte den Hahn in das Hühnerhaus zurück und freute sich insgeheim, dass Hahn Valentin bald wieder goldene Eier legen würde.

Doch der Hahn legte von nun an keine goldenen Eier mehr.

Das heißt, ich glaube, er hat schon weiter goldene Eier gelegt. Einfach so für sich selbst und nur zum Spaß. Aber er hat sie immer gleich aus dem Weg geräumt und irgendwo am Laacher See versteckt, weil er nicht wieder in eine Mönchszelle oder in einen goldenen Käfig gesperrt werden wollte.

Aber wo hat er nur die vielen goldenen Eier versteckt?

(Nach einer Erzählung aus Merkels Erzählkabinett)

Rundwanderung: Der Eierweg

Die Rundwanderung: Der Eierweg ist eine etwas längere Rundwanderung von 5,46 km. Sie wird in dieser Form kaum begangen und lohnt sehr, da sie einen guten Blick auf den Laacher See ermöglicht und durch den Buchenwald mit seinen Kraftbäumen führt.

Der Eierweg ist bei gpsies.com gelistet. Siehe QR-Code.

Geocache zur Geschichte:

Der Hahn, der goldene Eier legte

Typ: Multi
GC-Code: **GC3VMG5**
OC-Code: -
QR-Code: ja
Schwierigkeit: 2
Terrain: 2,5
Größe: klein

Weitere Geocaches

Lydiaturm	GC3Q0Q1
Laacher See	GC5F6B
Metallic no.2	GC3N3F3
Lilu läßt grüßen!	GC1NPKV
Der scharlachrote Pimpernel	GC3M4T6
Felsenbeißer	OC5920

Mauerly   OCA4FF
Mennonitenfriedhof   OCA63B
Der Osterhase   GC49XJJ

Historisches zum Kloster Maria Laach

Die Abtei **Maria Laach** (lat. *Abbatia Mariae Lacensis* oder *Abbatia Mariae ad Lacum*) ist eine an der Südwestseite des Laacher Sees, vier Kilometer nördlich von Mendig in der Eifel auf der Markung der Ortsgemeinde Glees im Landkreis Ahrweiler gelegene hochmittelalterliche Klosteranlage, die als *Abbatia ad Lacum* (*ww.: Abtei am See*), später auch *Abbatia Lacensis* (*die zum See/Laach gehörende Abtei*) zwischen 1093 und 1216 als Stiftung Heinrichs II. von Laach und seiner Frau Adelheid erbaut wurde. Ihren heutigen Namen erhielt sie im Jahre 1863.

Die sechstürmige Klosterkirche, das *Laacher Münster*, ist eine gewölbte Pfeilerbasilika mit prachtvollem Westeingang, dem sogenannten Paradies (einzigartig in dieser Art nördlich der Alpen) und dem 1859 restaurierten Kreuzgang aus dem Anfang des 13. Jahrhunderts. Sie gilt als eines der schönsten Denkmäler der romanischen Baukunst aus der Salierzeit in Deutschland.

1926 verlieh Papst Pius XI. der Kirche den Ehrentitel einer „Basilica minor".

Die Abtei gehört zum Orden der Benediktiner. Zu seinem Besitz gehören das sogenannte Klostergut Maria Laach, ein an die Familie Uhlenbruch verpachtetes landwirtschaftliches Anwesen, das als Biobauernhof mit angeschlossenem Bioladen betrieben wird. Der Laacher See mit seinen touristischen Einrichtungen (Campingplatz, Bootsverleih und Fischfang), das renommierte Seehotel, eine große Gärtnerei, ein Kunst-Verlag und eine Buchhandlung, verschiedene Handwerksbetriebe mit Ausbildung (beispielsweise Bronzegießerei, Kunstschmiede, Töpferei, Schreinerei, Elektrowerkstatt, dazu Landwirtschaft). Hinzu kommen regelmäßige Themen-Führungen in und um das Kloster.

Der erste Pfalzgraf bei Rhein war Heinrich von Laach, der sich nach seiner Burg Laach auf dem väterlichen Erbe als Einziger „zu Laach" nannte. Diese Burg war über dem Ostufer des Laacher Sees gelegen. Er gab der Kirche das Versprechen, für sein und seine Gemahlin Seelenheil und dazu als Grablege für beide wegen ihrer Kinderlosigkeit ein Kloster auf der gegenüberliegenden Seite des Sees am Südwestufer zu gründen. Der Platz war wegen der Frischwasserversorgung durch den „Beller Bach" und die gute Zugänglichkeit weise gewählt.

So gründete er 1093 seinem Versprechen mit seiner Gemahlin Adelheid von Weimar-Orlamünde († 28. März 1100) unter dem Doppelpatrozinium der Heiligen Jungfrau Maria und des Heiligen Nikolaus gegenüber seiner Burg am Südwestufer des Sees die Abtei mit dem Namen „Abbatia ad Lacum" (Abtei am See), auch „Abtei Laach", genannt. Dabei ist das zu „Laach" verschliffene althochdeutsche Wort „lacha" (von lat. lacus, -ūs m. – See) als Name für den See, den Ort und das Kloster erhalten geblieben.

„Im Namen der heiligen und ungeteilten Dreifaltigkeit. Ich, Heinrich, von Gottes Gnaden Pfalzgraf bei Rhein und Herr von Laach, zur sicheren Befriedung der Demütigen im Geiste tun wir allen Christus und Getreuen, Künftigen, wie Gegenwärtigen, kund: Da ich kinderlos bin, habe ich unter Zustimmung und Mitwirkung meiner Gemahlin Adelheid zum Heil meiner Seele und zur Erlangung des ewigen Lebens auf meinem väterlichen Erbe, nämlich in Laach, zu Ehren der heiligen Gottesmutter Maria und des heiligen Nikolaus ein Kloster gegründet als Wohnsitz für solche, die die Mönchsregel befolgen. In Gegenwart und unter der Zeugenschaft des Herrn Heilbert, des verehrungswürdigen Erzbischofs von Trier, habe ich diesem aus eigenen Gütern eine Mitgift bereitet …"

Der Pfalzgraf gab dem Kloster außer der Gemarkung „zu Laach" nebst Südteil des Sees und zugehörigen Wäldern die Orte Kruft samt Kirche, Alken, Bendorf, Bell, Rieden und Willenberg. Die ersten Mönche und Bauhandwerker kamen aus dem Kloster St. Maximin nahe Trier. 1093 wurden bereits die Fundamente für Krypta, Langhaus, Vierungsturm, West- und Ostwerk angelegt, quasi die komplette Fundamentierung, ohne das erst später erwogene und angebaute Paradies. Nach dem Tod Heinrichs am 23. Oktober 1095 auf Burg Laach waren die Mauern bis

auf über drei Meter hochgezogen, am Ostchor waren die Arbeiten am weitesten bis zu sieben Meter, am Langhaus am geringsten fortgeschritten. Die Pfalzgräfin Adelheid führte die Bauarbeiten fort. Nach ihrem Tod in Echternach am 28. März 1100 vor einer geplanten Pilgerreise nach Rom wurden die Bauarbeiten zunächst eingestellt. Zu diesem Zeitpunkt stand das östliche Querhaus ohne Gewölbe mit einem provisorischen Flachdach als vorläufiger Gottesdienstraum für die Mönche.

1112 erneuerte Heinrichs Erbe Pfalzgraf Siegfried von Ballenstedt († 1113) die Stiftung („… zur Vollendung der Kirche eingesetzt"), ließ die Bauarbeiten wieder aufnehmen und schenkte das Kloster der Abtei Affligem im Landgrafschaft Brabant, zu dem das Kloster Laach somit anfangs als Priorat gehörte. Der vierte Prior Gi(se)lbert von Affligem aus der Abtei Affligem führte das Kloster ab 1127 zunächst als Prior, dann als erster Abt seit 1138. Mit ihm kamen 40 Mönche an den See. Auch der Grundbesitz des Klosters an Rhein, Mosel und in der Eifel begann zu wachsen.

Nach der Fertigstellung der eigentlichen Klosterbauten wurden die Arbeiten an der Kirche fortgesetzt: Westwerk, Krypta und Langhaus wurden vollendet. 1139 schenkte Graf Gerhard II. von Hochstaden, der Neffe des Gründers, die Nordhälfte des Sees nebst Wassenach dem Kloster.

1138 wurde Laach selbstständige Abtei; am 6. August 1152 starb Gilbert. Unter seinem Nachfolger Abt Fulbert (1152 – 1177) wurden Krypta, Langhaus und Westchor am 24. August 1156 durch Hillin von Fallemanien, Erzbischof von Trier, geweiht. Den Türmen des Westbaus fehlten die obersten beiden Stockwerke nebst Dachstuhl, ebenso war der südliche Flankenturm des Ostbaus noch nicht vollendet. Flache provisorische Dächer schützten die unvollendeten Gebäudeteile. Stifter des Westwerkes waren Johannes und Mathilde von Ebernach, in einem der Kirchenfenster verewigt. Um 1177 waren dann der Ostchor, die flankierenden Türme der Ostkuppel und die Westempore vollendet, was durch Geldmittel (1170) der Gräfin Hedwig von Are beträchtlich unterstützt wurde.

Aufgrund von dendrochronologischen Erkenntnissen aus dem Jahre 1979 über hohe Niederschläge im Jahre 1164 während der Amtszeit des Abtes Fulbert wurde diesem der Bau des 880 m langen Stollens (Fulbert-Stollen) zugeschrieben, um den Wasserspiegel des abflusslosen Laacher Sees abzusenken. Neuerdings werden auch die Römer als Bauherren (Heimatforscher Gerd Otto, Wehr) diskutiert aufgrund der in Höhe des Klosters gefundenen römischen Siedlungsreste und wegen der *römischen* Stollenbauweise.

Unter den Äbten Albert (1199 – 1216) und Gregor (1216 – 1235) wurde der Westbau fertiggestellt. Von 1220 bis 1230 wurde die heute noch existierende Nikolauskapelle errichtet, weiterhin wurde als Neuplanung die „Paradies" genannte Säulenvorhalle (Narthex) an die Westfassade angefügt. Sie bildet mit der Kirchenaußenwand ein offenes Areal umschließendes, geschlossenes Quadrat, einem Atrium ähnlich. Im Gegensatz dazu hat es auch in der nördlichen und westlichen Außenwand Säulenfenster, nur die Südwand ist massiv, da dort bis 1855 der alte Prälaturflügel angefügt war und ein Klausurbereich bestand, der nicht eingesehen werden sollte.

Das vom Paradies umgebene Areal ohne echten Zugang wurde als Garten genutzt – der Gärtner muss über die niedrige Innenmauer klettern. Es sollte in späteren Jahrhunderten nun ein weiteres Stockwerk mit Fachwerkmittelfront nach dem St. Gallener Klosterplan zur Unterbringung von Gästen erweitert werden.

Dazu war an der Südseite des Paradieses ein Anbau angefügt worden, der ebenfalls mit überstockt wurde. So konnte man vom südlichen Paradiesobergeschoss direkt in den Prälaturbau gelangen, der dicht an den Südturm angefügt war. Das Obergeschoss hatte ca. 12 Räume und im Südteil einen Korridor. Die älteste bekannte Darstellung ist eine Zeichnung des wallonischen Malers Renier Roidkin von 1725. Im frühen 19. Jahrhundert (vor 1830) wurde es infolge eines neugebauten Gästetraktes samt dem Anbau wieder entfernt.

In diese Zeit (1230–1250) fiel auch die Einwölbung des Langhausmittelschiffs mit seiner Holzflachdecke. In der Folgezeit entstand eine berühmte Schreib- und Malschule, aus der unter anderem das „Laacher Sanktuar" (wertvolle und umfassende Gebets- und Gesangssammlung der Eucharistiefeier einschl. der Wechselgesänge) hervorging, heute in der Universitäts- und Landesbibliothek Darmstadt untergebracht.

Nach einer schwierigen Phase zwischen 1247 und 1256 (drei Äbte, die abdankten), erfuhr das Kloster unter seinem 11. Abt Diedrich II. von Lehmen etliche Umbauten im gotischen Stil, dazu eine völlige Erneuerung von Klosterleben und Wirtschaftlichkeit (Ankauf etlicher Güter, Höfe, Weinberge, Reliquien), so dass spätere Laacher Historiker ihn als den „zweiten Klostergründer" bezeichneten. In der Folgezeit erfuhr das Kloster unter Abt Kuno von Lösnich (1295 – 1328) eine geistige Blüte. Gotische Dachausbauten erfolgten bis um 1355, und das Klosterleben erfuhr innerhalb der nächsten 150 Jahre eine Blütezeit.

In der Zeit nach dem Konstanzer Konzil wurden die Benediktiner Reformbewegungen immer stärker umgesetzt. Der Erzbischof von Trier, Johann II. von Baden, förderte den Anschluss der Benediktinerklöster an die Reformbewegung des Ordens (Bursfelder Kongregation) und sandte 1469 den Prior Johann Fart von Deidesheim aus der Trierer Reichsabtei St. Maximin als Reformabt (1469 – 1491) nach Laach. Damit setzte er sich gegen seinen Kölner Amtskollegen Ruprecht von der Pfalz durch, der einen anderen für dieses Amt vorgesehen hatte. Er sandte acht Mönche aus dem Reformkloster Groß St. Martin. Mit Johannes IV. Fart schloss sich die Abtei 1474 endgültig der reformerischen Bursfelder Kongregation an, die sein Vorgänger Abt Johannes III. Reuber eingeführt hatte. Unter Abt Simon von der Leyen (Simon de Petra, 1491 – 1512) und seinem 2. und 3. Nachfolger Peter Maech von Remagen (1530 – 1552) und Johannes V. Augustinus Machhausen aus Koblenz (1552 – 1568), vorher Prior in St. Maria ad Martyres zu Trier, wurde das Kloster mit seiner inzwischen sehr umfangreichen Bibliothek ein Zentrum des Humanismus monastischer Ausprägung.

(Quelle: Wikipedia)

Die Piraten vom Laacher See

In den Ruinen der ehemals pfalzgräflichen Burg auf einer Bergkuppe hoch über dem Laacher See hatte sich dereinst ein Piratenkönig mit Namen Sigurd von Troll eingenistet. Er und seine Spießgesellen waren eine wahre Plage. Niemand, der sich der Laacher Abtei näherte, war vor ihnen sicher.

Mit ihrem Schiff, das sogar mit einem Segel bestückt war, konnten sie schnell den Laacher See überqueren. Die gottlose Bande plünderte, raubte und schreckte sogar vor Mord und Totschlag nicht zurück, wenn es darum ging, bei Pilgern oder Kaufleuten Beute zu machen.

Sogar die Klosterbrüder waren ihres Lebens nicht mehr sicher. Hatte der blutrünstige Sigurd von Troll doch erst vor ein paar Tagen einen Novizen erschlagen, als dieser bei hereinbrechender Dunkelheit auf seinem Weg von Kruft nach Laach den rechten Weg verfehlt hatte und in der Nähe der alten Burg geraten war.

Schon mehrfach hatte sich der Abt des Klosters Maria Laach beim Kurfürsten in Trier, beim Kaiser und sogar beim Papst über die Schandtaten des Piratenkönigs beklagt. Bisher jedoch ohne Erfolg. Immer wieder war der Unhold mit seiner Truppe den Soldaten der weltlichen Macht entwischt.

Der Mord an dem Novizen veranlasste den Abt, alle Benediktinerbrüder an einem Abend im Konvent zusammenzurufen und ihnen folgendes zu verkünden: „Wie ihr alle wisst, meine lieben Mitbrüder, mussten wir gestern ein noch junges Mitglied unserer Gemeinschaft zu Grabe tragen, das von unserem Widersacher, der auf der gegenüberliegenden Seite des Sees haust, ermordet worden ist. Da offensichtlich kein weltliches Gericht dieses Unholdes habhaft werden kann, lasst uns heute Abend in der Vesper Gottes Hilfe erflehen, uns von diesem Teufel zu befreien."

Kaum waren diese Worte verklungen, als ein heftiges Pochen an der Klosterpforte die Mönche aufschreckte. Alsdann führte der Pförtner einen von Kälte und Angst zitternden Boten in den Versammlungsraum. Auf die Frage des gestrengen Priors: „Bursche, was führt dich zu später Stunde und bei diesem Wetter in unser Kloster?", brachte der Befragte nur stammelnd hervor, dass sein Herr im Sterben liege und nach dem ehrwürdigen Abt verlange.

Als der Abt den Namen dieses Herrn erfahren wollte, brachte der Bote nur „der Herr Sigurd von Troll" hervor. Im Saal war es schlagartig mucksmäuschenstill geworden. Schließlich unterbrach der Abt das Schweigen mit den Worten: „Wohlan denn, wenn der Sünder nach mir verlangt, so ist es meine Pflicht als Christ und Priester, ihm in seiner letzten Stunde beizustehen."

Alle Versuche der entsetzten Brüder, ihren Abt von diesem Vorhaben abzuhalten, waren vergeblich. Mit dem Hinweis, für den Sterbenden und ihm selbst zu beten, verabschiedete der Abt und eilte mit dem Boten zu dem vor der Klosterpforte stehenden Pferdeschlitten, der von zwei kräftigen Rossen gezogen wurde. In rascher Fahrt ging es über den verschneiten Weg zum Seeufer hinunter und dann auf die spiegelglatte Eisfläche des zugefrorenen Laacher Sees. Fröstelnd ob des messerscharfen und kalten Fahrtwinds, hüllte sich der Gottesmann fester in seinen wollenen Umhang und zog sich die Kapuze seiner Kutte tiefer ins Gesicht.

Je näher sie dem südlichen Ufer kamen, desto zappeliger und aufgeregter wurde der Bursche, der neben dem Abt die Zügel fest in der Hand hielt. Schon waren sie ersten Schilfpflanzen des Ufers zum Greifen nahe, als der von seinem Gewissen geplagte Lenker des Gefährts lautlos schrie: „Das ist eine Falle!" und gleichzeitig in einem gewagten Wendemanöver den Schlitten wieder vom Ufer wegbewegte. Nur noch aus den Augenwinkeln sah der Abt eine Reiterschah aus der Uferdeckung hervorbrechen – an ihrer Spitze der gefürchtete Piratenkönig Sigurd von Troll.

Eine mörderische Verfolgungsjagd über den See begann. Immer kürzer wurde die Distanz zwischen dem Schlitten und den Reitern. Schon glaubte der Abt, der sich nicht traute, den Blick zurück zu richten, den

Atem der heranfliegenden Verfolger in seinem Nacken zu spüren, als plötzlich ein warmer Südwind, der sich zu einem Sturm ausweitete, den ganzen Seekessel erfasste. Das Eis unter dem Schlitten fing an zu bersten und zu schwanken, Seewasser spritzte zwischen den Eisschollen auf. Die gesamte Eisfläche klirrte unter den Kufen wie zerspringendes Glas und vom Seegrund war ein unheimliches Gurgeln, Zischen und Ächzen zu hören.

Im letzten Moment, bevor sich die gesamte Eisfläche wie ein zu Boden gefallener Spiegel in tausende von kleinen Splittern verwandelte, erreichte der Schlitten mit dem Abt das rettende Ufer. Sigurd von Troll und seine Reiter mit ihren schweren Rüstungen und Kettenhemden versanken jedoch in den eisigen Fluten des unbarmherzigen Sees.

(neu nacherzählt: Steguwelt, Heinz, Rheinische Heimatblätter, 1926, Heft 2, S.67)

Das Letterboxing

Letterboxing ist ein Hobby, das dem Geocaching sehr ähnlich ist. Die Ursprünge von Letterboxing reichen zurück ins Jahr 1854, als James Perrott bei Dartmoor eine Flasche hinterließ, in der Visitenkarten der Besucher abgelegt werden konnten. Wie der Name schon sagt, waren in der Letterbox Briefe oder Postkarten hinterlegt, die man dann abschicken konnte, so dass der Empfänger wusste, dass die Letterbox gefunden wurde.

Der Verstecker einer Letterbox formuliert sogenannte Clues, mit denen die Box aufgespürt werden kann. Die Clues sind häufig Hinweise in Form einer Wegbeschreibung, sie können aber auch Peilungsaufgaben oder andere Rätsel beinhalten. Man benötigt in der Regel keine Koordinaten (und somit kein GPS). Häufig wird die Entfernung *pace* verwendet. Dabei handelt es sich um einen Schritt links und einen Schritt rechts.

Das Logbuch wird mit dem mitgebrachten Stempel und das eigene Finderbuch mit dem Ownerstempel abgestempelt.

Es gibt Caches, die sowohl für Geocacher als auch von Freunden des Letterboxing gefunden werden können. Bei Geocaching.com werden diese als *Letterbox Hybrid* bezeichnet, da sie gleichzeitig Letterbox und Geocache sind und mit einem eigenen Symbol gekennzeichnet. Üblicherweise gibt es für Geocacher eine Stempel- oder Aufkleberpflicht als Logbedingung.

(Quelle: cachewiki.de)

Beschreibung

Der Piratenschatz vom Laacher See (Ein Kindergeocache)

Der Letterbox-Hybrid könnt ihr mit der folgenden Beschreibung finden.

Ort: Kloster Maria Laach, 56653 Maria Laach

Startpunkt: Hauptparkplatz am Kloster Maria Laach, Bioladen

Länge: ca. 4 km

Schwierigkeit: mittel

Gelände: mittel (festes Schuhwerk ist in jedem Fall von Vorteil), für Kinderwagen geeignet, familiengerecht

Einkehrmöglichkeiten: Gastronomie im Kloster Maria Laach

Ausrüstung des Letterbox-Hybrids: Logbuch, Stempel-, & -kissen, Stift. Die Figur und das Hintergrundbild sollen in der Letterbox bleiben!

Beachte: Beim Gebiet ‚Laacher See' handelt es sich um ein Naturschutzgebiet, die offiziellen Wege dürfen zu keiner Zeit verlassen werden.

Geschichte: Früher war das Gebiet am Laacher See von (See-Fluß-) Piraten bewohnt. Es wird Vermutet, dass außerhalb ihres Quartiers, in den Ruinen der alten Burg, oben auf dem ‚Kraterrand' ein Beobachtungsturm stand. Gut möglich, dass die Piraten in dessen Nähe auch ihren ‚Schatz' verborgen haben.

Eure Aufgabe ist es nun, den ‚Schatz' zu finden und zu heben! Begebt euch auf den Weg!

Clue: Ein asphaltierter Weg führt zum alten Friedhof und hier vorbei zur (Wald-) Schutzhütte. Geht weiter rechts oberhalb an der Buchhandlung vorbei auf dem guten, festen Waldweg bergauf.

Bald erreicht ihr eine Statue am Wegesrand.
Schaut nach, seit wann diese Figur hier steht. Die Jahreszahl sei ABCD (bitte aufschreiben).

Hier könnt ihr den grandiosen Ausblick auf den Laacher See genießen. Und weiter geht es den Weg entlang.

Ihr kommt an eine Wegkreuzung. Auf der rechten Seite befindet sich an einem Baum ein Schild zum Nordic Fitness Park, Ahr, Rhein, Eifel; Pfeil zeigt nach rechts unten.

Auf dem Schild findet ihr zwei Zahlen. Sie seien E + F. Bitte aufschreiben. An der Wegkreuzung folgt ihr dem Weg nach links.

Bald erreicht ihr den ,Kraterrand'. Hier habt ihr den wunderbaren Ausblick auf Dachsbusch und die Burg Olbrück. Folgt dem Hauptweg links weiter durch den Wald.

Bald erreicht ihr eine (Wald-) Schutzhütte. Geht den Weg rechts durch den Wald weiter bis zur nächsten Wegkreuzung. Hier ist euer vorläufiges Ziel.
Kurz vor der Wegkreuzung befindet sich rechts eine Bank.

Bildet nun aus den Zahlen: ABCDEF die Quersumme.

Könnt ihr schon die Quersumme ausrechnen? Nein? Ich zeige euch, wie es geht. Jahreszahl = z. B. 1543. Dann müsst ihr rechnen 1 + 5 + 4 + 3 = 13. Die 13 ist die Quersumme.

Die Quersumme ist somit: A(   )+B(   )+C(   )+D(   )+E(   ) +F ( )=

Was war noch euer Ziel? Das Auffinden des Piratenschatzes. Es befindet sich ganz in der Nähe!

Stellt euch an die Bank – vor euch liegt ein neuer Wanderweg, mit der

Markierung >.

Geht nun (?) Schritte. Die Anzahl der Schritte ergibt sich aus der Quersumme + 29. Jeder Schritt misst ca. 0,70 cm (gilt für Erwachsene).
Geht einfach den Wanderweg entlang. Dann 1 Schritt nach links. Ihr findet ein Zeichen (Kompass) an dem Baumstumpf am Wegesrand. Darunter werdet ihr die Letterbox finden.

Achtet auf Muggels, stempelt ab und versteckt die Box wieder gut!

Um das Geheimnis der Schatzkiste zu lüften, braucht ihr etwas Knobelgeschick! Ein Spoilerbild hierzu findet ihr in einem kleinen Umschlag.
Nach dem Öffnen der Schatztruhe benötigt ihr ein Smartphone, das QR-Codes entschlüsseln kann. Na dann! Viel Spaß! Mehr wird nicht verraten.

Und dann gibt es noch einen echten Geocache zu loggen. Er heißt: Das Vermächtnis des Tempelritters (GC3VNAA) und liegt ganz in der Nähe.

Seine Koordinaten sind: N 50 24.392 E 007 14.392. Hier braucht ihr ein Navigationsgerät.

Rückweg: Geht den Wanderweg weiter und folgt dem Wanderwegzeichen zurück zum Kloster Maria Laach.

Dieses Stück Weg ist für Kinderwagen und Rollstühle etwas zu schwierig. Ihr könnt auch an der Bank/Wegkreuzung den breiten Weg links talwärts wählen.

Bald werdet ihr wieder zum Kloster Maria Laach gelangen und das Abenteuer nimmt hier sein (gutes) Ende.

 Piratenschatz-Cache

Rundwanderung: Der Piratenweg vom Laacher See

Die Letterbox liegt im Verlauf der Rundwanderung: Der Piratenweg. Die Rundwanderung ist 3,91 km lang und beginnt am Bioladen des Klosters Maria Laach. Die Rundwanderung ist als Familienwanderung sehr zu empfehlen.

Der Piratenweg ist bei gpsies.com gelistet. Siehe QR-Code.

Geocache zur Geschichte:

Der Piratenschatz

Typ: Letterbox (ohne Navi)
GC-Code: **GC4B5G1**
OC-Code: **OCF00F**
QR-Code: ja, im Cache
Schwierigkeit: 2
Terrain: 2,5
Größe: klein

Beginnt am Bioladen, Hauptparkplatz Kloster Maria Laach.
Und weiter zum Waldpavillon (Schutzhütte) Kloster Maria Laach.

Weitere Geocaches

Das geheime Vermächtnis des Tempelritters	GC3VNAA
Der Froschkönig vom Laacher See	GC3NBZH
Laacher See Hochzeitcache	GC2W0RY
Nutzung unseres vulkanischen Erbes	GC2ZEDG
Monasterium SM ad Lacum	GC11K26
Der ganz einfache	GC3N3FE
Laacher See: Mineral- & Thermalquellen	GC371BB
Schein oder sein	GC3N3DA
Fulbert-Stollen	GC1ZMW8
Scharfe Knüppchen	GC21DTP
Vergessenes Steinkreuz	GC219R8
Blick in die Ferne	GC48WE8
Wo die Erde bebte	OCECE7

Internetplattformen

Tourist-Info Brohltal
Hier erhalten Touristen viele Tipps und Informationen; auch zu Übernachtungsmöglichkeiten.

Buchhandlung Koster Maria Laach
Gut bestückte Buchhandlung – Buchhandlung 2011/12.

Ich geh wandern

Internetforum rund ums Wandern.

Eifel-GPS

Internetforum rund ums Wandern.

GPS-Tour

Internetforum rund ums Wandern.

GC-Treffpunkt

Neuer Geocaching-Treffpunkt für das nördliche RLP. Sehr zu empfehlen!

Eifelcamino – Jakobsweg
Ein Zubringer des berühmten Jakobweges beginnt in Andernach, geht über Kloster Maria Laach und weiter nach Trier.

Klostergut Hofladen Maria Laach
Bioladen mit einem sehr guten Sortiment. Freundliche Bedienung.

Der Froschkönig vom Laacher See

Direkt an das Pfalzgrafenreich Laach grenzte das Lehen Zissener Land. In ihm herrschte und regierte der Froschkönig Fridolin.

„Ein Frosch als König?" werde ich manchmal gefragt. Ja! Ein Frosch, der hier König war. Zumindest eine Zeitlang. Und wie das kam? Das war so:

Immer wieder fanden im Kloster Maria Laach geheimnisvolle Zusammenkünfte statt. Man hätte glauben können, dass es Treffen der Benediktinermönche waren. Aber weit gefehlt! Da gab es zum Beispiel das Treffen der Zauberer. Sie verstanden sich nicht etwa als antichristlich. Nein, sie waren weltoffen und voll in die mittelalterlichen Gesellschaft des Pfalzgrafenreiches Laach integriert.

Nun geschah neulich Folgendes:

Eines Tages war der berühmte Zauberer Knickmurmel zu Gast im Kloster Maria Laach. Hier im späteren ‚Laacher Forum' hielt er Vorträge über ‚Heilpflanzen im Allgemeinen' und ‚Heilrituale mit Kräutern im Besonderen'. Es kamen viele Besucher von fern, so auch ein berühmter Wunderdoktor aus Nickenich.

Natürlich wurde der Zauberer Knickmurmel immer wieder aufgefordert, doch einmal so richtig zu zaubern. Der Zauberer verweigerte sich stets, war er schließlich Gast in einem christlichen Kloster.

Nun ergab es sich, dass der Zauberer Knickmurmel am Ufer des Laacher Sees saß und mit kleinen Brotstückchen die Fische im See fütterte. Die Ruhe hier gefiel ihm gut. Nach der Fischfütterung ging er im Klostergarten des Klosters Maria Laach spazieren. Dort traf er auf den Prinzen Fridolin von Olbrück und seine Kinderfreundin Liesbeth von Laach. Gerne hätten die beiden Kinder einmal die Zauberkünste des Meisters in Aktion gesehen. Doch der Zauberer wollte nicht und zierte sich wie immer.

Da neckten ihn die beiden Kinder, die da riefen: „Kannst ja gar nicht zaubern! Kannst ja gar nicht zaubern!" Natürlich ärgerte sich der Zauberer und wurde langsam auch immer beleidigter. Die Kinder gaben aber keine Ruhe und riefen: „Wenn du zaubern kannst, dann verwandele mich doch! Vielleicht in einen Frosch?", als der Prinz gerade einen Frosch beobachtete, der ins seichte Wasser sprang. Für einen Moment überlegte der Zauberer, dann murmelte er einen Zauberspruch und – plopp! – aus dem Prinzen wurde ein Frosch!

„Ist ja voll krass!", rief der Prinz aus, der ja jetzt ein Froschkönig war. Und er fühlte sich wirklich ganz als Frosch. „Und nun du!", rief Liesbeth. „Ich wette, du bist viel zu feige! Andere verzaubern kannst du, aber dich selbst, dass traust du dich nimmer!"
Wieder überlegte der Zauberer einen Moment. Dann murmelte er einen Zauberspruch und – plopp! – der Zauberer war plötzlich ein Wurm und ringelte sich gleich neben dem Frosch.

„Siehst du", rief der Zauberer, „ich traue mich wohl!"   Und Liesbeth staunte nur so.

Wahrscheinlich wäre mit der Rückverwandlung der beiden in ihre eigentliche menschliche Gestalt der Zauberei ein gutes Ende beschert gewesen! Wenn, ja, wenn da nicht eines von Bauer Uhlenbrinks Hühnern, das Huhn Berta, aus dem Unterholz des Parkes aufgetaucht wäre. Berta sah den leckeren Wurm und der Wurm sah den Schnabel von Berta! Der

Schnabel war ihm schon sehr nahe. „Au scheiß ....", konnte der Wurm noch hervorbringen, dann war er schon mit einem langen ‚Schurffff' gefressen und im Bauch des Huhnes gelandet.

Der Froschkönig Fridolin schaute Berta fassungslos an und war wie gelähmt. Das Huhn Berta aber schritt gesättigt weiter durch das Unterholz, als wäre nichts Ungewöhnliches geschehen – und so war es ja eigentlich auch; denn für Hühner sind Würmer nichts anderes als ein besonderer Leckerbissen.

Das Geschrei der Bewohner des Klosters jedoch war groß! Liesbeth war gleich zum Abt des Klosters gerannt und hatte berichtet. Der Abt und alle Mönche waren außer sich! Was war zu tun?

Gut, es gab ernsthafte Überlegungen Berta einzufangen und notzuschlachten! Aber einige Mönche meinten, dass wäre wohl vergebliche Liebesmühe, denn die Magensäfte des Huhns hätten wohl schon ganze Arbeit geleistet.

Und so kam es, dass Fridolin ein Froschkönig blieb. Aber auch wenn er nun ein Froschkönig war, so blieb er trotzdem der Prinz und würde später der Graf des Zissener Landes werden!

Man brachte ihn zurück auf die Burg Olbrück. Vater und Mutter waren zutiefst bestürzt, aber sie hielten zu ihrem Sohn. Sie fütterten ihn artgerecht mit Fliegen und Spinnen und all dem, was so ein Frosch nun mal frisst. Dabei wuchs und gedieh der Froschkönig.

Und auch Liesbeth von Laach wurde größer und wuchs zu einer sehr schönen Frau heran.

Nun hätte es dem Pfalzgrafen Heinrich II. von Laach schon sehr gefallen, wenn seine Tochter den Prinzen von Olbrück heiratete, so kämen beide Reiche zusammen. So dachte der Pfalzgraf, aber wie sollte seine Tochter denn einen Froschkönig heiraten? Obwohl! Da gab es doch das

alte Märchen vom Froschkönig, der sich durch einen Kuss der Prinzessin wieder zurück in einen Prinzen verwandelt hatte.

Der Pfalzgraf rief seine Tochter Liesbeth und führte ein väterliches Gespräch mit ihr.

Liesbeth zeigte sich gar nicht so abgeneigt, den Froschkönig zu heiraten, aber vorher müsse er sich schon zurückverwandeln.

Ein Treffen der beiden wurde arrangiert. Zu Liesbeths Überraschung konnte sich auch der Froschkönig vorstellen, Liesbeth zu ehelichen.
„Ach", sprach er, „holde, schönste Liesbeth, meine Liebste, ach wäre das schön, wenn wir verheiratet wären."
„Schau!", rief er und drehte sich zu Liesbeth und säuselte mit zuckersüßer Froschstimme: „Liesbeth, stell dir vor wie schön das wäre – wir beide schnappen in der warmen Frühlingssonne auf der grünen Wiese nach den dicken, fetten Brummern! Ja! Wie die auf der Zunge dahinschmelzen. Ach sooo lecker! Wäre das nicht traumhaft, ich ein Froschkönig und du eine dicke, fette, knallrote Kröte?"

Liesbeth war sprachlos! Hatte sie richtig gehört? Anstatt dass der Frosch sich in einen stattlichen Prinzen zurückverwandelte, sollte sie sich in eine dicke, fette, knallrote Kröte verwandeln? Nein – so nicht! Zugegeben, der Froschkönig schien ihre weiblichen Formen zu mögen. Aber doch nicht als Kröte!

Sie lief heim zur Burg und berichtete dem Pfalzgrafen, ihrem Vater, von dem Treffen.
Auch der Vater zeigte sich entsetzt. Seine einzige Tochter verwandelt in eine dicke, fette, knallrote Kröte? Wie sollte er das seinen Untertanen vermitteln?

So sollte das nicht sein! In seiner Not ging der Pfalzgraf zum Abt des Klosters Maria Laach. Der Abt verstand die Sorge des Pfalzgrafen und überlegte lange Zeit. Schließlich ging er hinunter in den Klosterkeller, wo er eifrig suchte. Nach einiger Zeit fand er den gesuchten Gegenstand, nahm ihn mit nach oben, übergab ihn dem Pfalzgrafen mit einer genauen

Anweisung. Des Pfalzgrafen Blick hellte sich sichtlich auf. Eilig begab er sich auf den Weg zu seiner Tochter, die in den Plan eingeweiht wurde. Ein weiteres Treffen mit dem Froschkönig wurde arrangiert.

Der Froschkönig und Liesbeth saßen sich vertraut gegenüber. Diesmal ergriff Liesbeth das Wort: „Mein geliebter Froschkönig! Schau, gerne würde ich mit dir lebenslang zusammen sein, doch stelle ich mir das in wahrlich menschlicher Gestalt vor – schon wegen der Kinder." Diese Änderung seiner Pläne fand der Froschkönig zwar nicht gut, schwieg aber zunächst.

Nun holte Liesbeth ein altes Kartenspiel aus ihrem Beutel und sprach: „Mein geliebter Froschkönig! Dies ist das Kartenspiel des verruchten Zauberers, der dich verwandelt hat. Und das Kartenspiel hat, wie die meisten Kartenspiele von Zauberern, magische Kräfte. Nun sieh! Es sind 52 verschiedene Karten. Zunächst werden die Karten gemischt und jeder von uns zieht eine Karte. Diese Karten werden dann gleichzeitig aufgedeckt. Sollten es zwei gleiche Karten sein, was eigentlich unmöglich ist, wird der Zauber gebrochen. Du wirst wieder ein Prinz in Menschengestalt und wir können endlich heiraten."

Ja. Da musste der Froschkönig erst einmal tief Luft holen. Und weil gerade ein dicker, fetter Brummer direkt vor seinem Maul vorbeiflog, schnappte er danach und zermalmte ihn genüsslich. Kein Frosch mehr – wieder ein Menschenprinz. Na ja! Dafür dürfte er zukünftig mit der schönen Prinzessin Liesbeth von Laach das Bett teilen. Eigentlich auch eine verlockende Aussicht! Und so stimmte er dem Ritual zu.

Schnell hatte Liesbeth die Karten gemischt, einen langen Zauberspruch hinzu geflüstert und die zwei Karten verteilt. Nun wurde es spannend! Frosch oder Menschenprinz – das war jetzt die Frage!

Beide küssten sich, dann deckten sie die jeweilige Karte auf und ...

Es waren wie durch Zauberhand die gleichen Kartenwerte: die Herz-Königin.

Da machte es – plopp! Und vor der Prinzessin stand anstatt eines Froschkönigs ein wunderschöner Prinz. In seiner Hand hielt er eine Klampfe und begann sogleich ein herzergreifendes Liebeslied zu Ehren der Prinzessin anzustimmen.

Der Rückzauber hatte funktioniert. Und so kam es, dass bald darauf im Kloster Maria Laach die Glocken läuteten und auf der Pfalzgrafenburg eine große Hochzeit gefeiert wurde.

Und wenn sie nicht gestorben sind, dann ...

Rundwanderung: Der Froschkönig vom Laacher See

Die Rundwanderung beginnt am Parkplatz des ehemaligen Museums Laacher See und steigt recht bergig an. Seine Weglänge beträgt 2,43 km. Sie führt über größere Wege, die aber für den KFZ-Verkehr gesperrt sind. Leider befindet sich der Wegverlauf in unmittelbarer Nähe der Autobahn. Der Geocache „Der Froschkönig vom Laacher See" liegt etwas von der Rundwanderung entfernt, aber landschaftlich sehr schön.

Der Froschkönigsweg vom Laacher See ist bei gpsies.com gelistet. Siehe QR-Code.

Geocache zur Geschichte:

Der Froschkönig vom Laacher See

Typ: Tradi
GC-Code: **GC3NBZH**
OC-Code: **OCE289**
QR-Code: nein
Schwierigkeit: 2
Terrain: 2
Größe: klein

Weitere Geocaches

Willkommen in ... Bell   GC48WNZ
Der Schatz des Kleinen Drachen   GC493BT

Was ist Geocaching?

Geocaching (von griechisch *γῆ, geo* „Erde" und englisch *cache* „geheimes Lager" (gesprochen: [ˈdʒiːoʊ̯kæʃɪŋ], im deutschsprachigen Raum zumeist [ˈgeːokɛʃɪŋ])), auch GPS-Schnitzeljagd genannt, ist eine Art elektronische Schatzsuche oder Schnitzeljagd. Die Verstecke („Geocaches", kurz „Caches") werden anhand geografischer Koordinaten im World Wide Web veröffentlicht und können anschließend mit Hilfe eines

GPS-Empfängers gesucht werden. Mit genauen Landkarten ist auch die Suche ohne GPS-Empfänger möglich.

Ein *Geocache* ist in der Regel ein wasserdichter Behälter, in dem sich ein Logbuch sowie verschiedene kleine Tauschgegenstände befinden. Jeder Besucher trägt sich in das Logbuch ein, um seine erfolgreiche Suche zu dokumentieren. Anschließend wird der Geocache wieder an der Stelle versteckt, an der er zuvor gefunden wurde. Der Fund wird im Internet auf der zugehörigen Seite vermerkt und gegebenenfalls durch Fotos ergänzt. So können auch andere Personen – insbesondere der Verstecker oder „Owner" (englisch für „Eigentümer") – die Geschehnisse rund um den Geocache verfolgen. Wesentlich beim gesamten Such- und Tauschvorgang ist, dass von anderen anwesenden Personen das Vorhaben nicht erkannt wird und so der Cache Uneingeweihten verborgen bleibt.

(Quelle: Wikipedia)

Was ist ein Munzee?

Munzee ist ein freemium Schnitzeljagd-Geländespiel, bei dem weltweit markierte Orte gefunden werden müssen.

Die Orte werden von anderen Spielern mittels QR-Code auf Aufklebern oder wetterfesten Stickern markiert, welche Munzees genannt werden. Für gefundene Munzees erhält sowohl der findende als auch der versteckende Spieler Punkte. Die QR-Codes auf den Munzees werden am Fundort mittels einer speziellen Smartphone-App eingelesen. Sowohl die Koordinaten der Munzees als auch die Daten der Mitspieler werden über eine zentrale Spieleplattform verwaltet.

(Quelle: Wikimedia)

Weltweite Jagd nach Punkten mit LaCitas

LaCita ist eine weltweite Jagd, bei dem LaCitas gefunden werden müssen. Mit einem Smartphone können Sie die gefundenen LaCitas einscannen. Für jedes gefundene LaCita bekommen Sie Punkte, so wie bei Munzee. Die Herausgeber von LaCitas können Bonuspunkte anbieten, die Sie ähnlich wie Treuepunkte einlösen können. LaCitas von privaten Anbietern bringen Punkte, die Sie in der Vergleichsliste der Spieler weiter bringen.

Was sind LaCitas?

LaCitas sind QR-Codes, die mit einer GPS-Koordinate verknüpft sein können. Sie treten in verschiedenen Formen und Größen auf. LaCitas können an ganz verschiedenen Orten oder auf Produkten angebracht sein. Sie selbst sind auch ein LaCita. Zeigen Sie LaCita anderen Mitspielern und scannen Sie LaCitas gegenseitig. Beide Spieler bekommen dann jeweils Punkte fürs Scannen und Gescanntwerden.

Immer wenn Sie einen QR-Code sehen, dann könnte es ein LaCita sein. Scannen Sie ein und schauen Sie, ob es ein LaCita ist und ob es etwas zu gewinnen gibt! Messen Sie sich mit den Mitspielern und verstecken Sie selber LaCitas, die andere dann finden können. Denken Sie sich gute Verstecke aus und erfinde neue Aufgaben, die zu lösen sind.

Wie finde ich LaCitas?

Auf einer Karte werden die LaCitas angezeigt, die mit Geo-Koordinaten versehen sind. Navigieren Sie dort hin und scannen Sie den Code. Andere LaCitas können auch ohne Geo-Koordinaten gespeichert sein. In dem Fall finden Sie die LaCitas entweder zufällig oder aufgrund einer Aufgabe, die in einem anderen LaCita beschrieben sind.

(Quelle: LaCita)

Geocaching-Plattformen im Internet

Geocaching.com   GC

Wichtigste Plattform für Geocaching. Leider mit Premiummitgliedschaft, um in den vollen Genuss zu kommen.

Opencaching.de   OC

Gleichwertige Plattform für Geocaching. Kostenlos & alle Informationen; aber leider weniger besucht.

Munzee.com

Neue Plattform aus Ameria. Benutzt GPS-Daten zum Loggen. Leider nur auf Englisch.

LaCita.org

Deutsches Gegenstück zu Munzee. Noch etwas überarbeitungsbedürftig.

Über die Helden

Oskar, männlich, 57 Jahre alt, 1,76 m groß, um den Bauch herum etwas füllig. Er ist Frührentner. Kommt aus einer alten westfälisch/hessischen Familie.

Er ist von eher gemütlicher Grundstimmung, mag ein Leben mit Tieren und ist gerne in der Natur. Seine Kindheit verlebte er im Ruhrgebiet. Es war gerade dieser Schmelztiegel von Menschen unterschiedlicher Herkunft, woraus sich seine sozialen und kulturellen Werte und Vorstellungen ergaben. Dazu gehörte auch seine Berufsausbildung zum Elektriker in einem der großen Stahlwerke. Wäre sein Unfall nicht gewesen, so wäre er wohl bis zur Rente im Stahlwerk beschäftigt geblieben. Aber da war eben dieser Unfall, der sein Leben total änderte.

Oskar liebt es, in immer den gleichen 'Klamotten' herumzulaufen und trägt eine abgewetzte Schlägermütze, was Hedwig regelmäßig zur Verzweiflung treibt. Hedwig ist seine Frau, mit der er seit 21 Jahren verheiratet ist.

Hedwig, weiblich, 48 Jahre alt, 1,68 m groß, zählt die Jahre, die sie mit Oskar zusammenlebt, nicht mehr. Für sie ist Oskar ein Zustand, den man besser größtenteils ignoriert. Hedwig ist eine äußerst liebenswürdige Frau, die ihren oskar von ganzen Herzen zugetan ist. Außerdem liebt ihren Garten.

Pelle, männlich, von Natur aus ein gutmütiger Jagdhund-Mischling. So etwa 9,5 Jahre alt. Gehorchen ist nicht seine Stärke, aber er ist kinderlieb.

Alle zusammen leben Sie in den Tiefen der Vulkaneifel.

Und dann noch... Ein älterer Herr, der sich als Philippus Theophrastus Aureolus Bombastus von Hohenheim vorstellt.

Eine seltsame Begegnung

Hedwig, Pelle und ich waren im Urlaub. Wo? Im Urlaubsland Osteifel und seiner weiteren Umgebung natürlich. Wir saßen im Landgasthaus Jägersheim im Brohltal. Hier hatten wir uns aus Platzgründen an einen Tisch mit einem netten, älteren Herrn gesetzt; hatten aus der Speisekarte das Essen gewählt und es mit Wohlbehagen gegessen.

Ich fragte Hedwig: „Wusstest du eigentlich, dass der berühmte Paracelsus auf seinen Wanderungen durch Europa auch hier im Brohltal eine Rast eingelegt hat und das Tönissteiner Wasser als heilkräftig gelobt hat? Aber jetzt ist er schon fast 470 Jahre tot."

Der ältere Herr, der inzwischen bei einer Tasse Kaffee angelangt war, schaute auf und sagte mit leiser, kräftiger Stimme: „Ja, das ,Weiße Rössel', so hieß das Gasthaus damals, stand genau an der Stelle des heutigen Jägerheims. Aber gestorben bin ich nicht, oder sehe ich etwa wie ein Verstorbener aus?"

Hedwig sah mich an und ich sah im Wechsel sie und den alten Herrn an. Hatte der nette, sympathische Herr uns gerade erzählt, er sei der berühmte Paracelsus? Und damit locker an die 500 Jahre alt? Wir fassten es nicht!

Der ältere Herr kicherte und für einen kleinen Augenblick dachte ich an einen Scherz. Doch dann erhob er sich halb von seinem Sitz und stellte sich klar und unmissverständlich vor: „Gestatten, Philippus Theophrastus Aureolus Bombastus von Hohenheim ist mein Name. Ich bin der berühmte Paracelsus und wie Sie sehen, lebe ich immer noch."

Es entstand eine Pause.

Noch bevor Hedwig oder ich etwas sagen konnten, hatte Paracelsus sich wieder gesetzt, beugte sich zu uns vor und sagte: „Wollen Sie mein Geheimnis vom ewigen Leben erfahren? – Ja? - Dann hören Sie gut zu!"
Und er begann seine Erzählung.

„1493 wurde ich in Einsiedeln in der heutigen Schweiz geboren. Bereits mit 4 Jahren konnte ich schon lesen und schreiben. Mit 7 Jahren habe ich mich mit den größten Geistern der Zeit im Kloster Einsiedeln unterhalten und ihnen Paroli geboten - z.B. mit Erasmus von Rotterdam.

Mit 14 Jahren habe ich mein Medizinstudium in Ferrara in Italien begonnen und mich zum Arzt ausbilden lassen. Danach ging ich auf Wanderschaft.

In Nordafrika erlernte ich, bei einem arabischen Medizingelehrten die Alchimie und wurde in die Mysterien der Spagirik eingeweiht. Ich hatte Medizin studiert, weil ich der Meinung war, die Medizin sollte allen zur Verfügung stehen, nicht nur den Reichen. Ich wollte, dass auch die Armen gesund werden.

Am Ende meines Lebens hat es mich nach Salzburg verschlagen. Dort war ich nicht nur als Arzt, sondern auch als Forscher tätig. Meine Hauptfrage war „Was ist eigentlich die ‚Heilkraft' in den Arzneien?" Das ist durchaus eine gefährliche Frage! Hieraus folgert nämlich die nächste Frage „Wie genau funktioniert überhaupt die ‚Heilkraft?" Und diese Frage hat eine weitere Frage zur Folge „Kann es dem Menschen gelingen, wenn er weiß, wie diese ‚Heilkraft' funktioniert, selbst diese ‚Heilkraft' zu erschaffen?" Das ist das eigentliche Geheimnis der Spagirik.

Mir ist es gelungen, dass Geheimnis zu entdecken! Deshalb hatte ich immer diese großen Heilerfolge. In meinen Forschungen ging ich also der Frage nach, wo die ‚Heilkraft sei? Ich vermutete, dass da eine Trägersubstanz sein müsse, um die ‚Heilkraft' binden und nutzbar zu machen. Kann sie vergleichbar sein mit der ‚Seelenenergie', die jedem Lebewesen innewohnt? Die Spagirik lieferte mir die Antwort dazu."

Er trank einen Schluck Kaffee und zog aus seiner Jackentasche ein altmodisches schwarzes Taschentuch mit bunten Punkten.

„Ich werde Ihnen die ‚Seelenenergie' beweisen", sagte er. „Können Sie sich vorstellen, dass die bunten Punkte einfach so von dem Taschentuch herabfallen? – Nein? Doch, das geht mit der Kraft der Gedanken, die auch eine Art von ‚Seelenenergie' sind."

Er hält das Taschentuch über den Tisch, konzentrierte sich, murmelte einen Spruch, vielleicht einen Zauberspruch – und dann geschah das Unbegreifliche!

Die Farbpunkte fielen einfach so ab, direkt vor uns auf den Tisch. Hedwig war sprachlos und auch mir hatte es die Sprache verschlagen.

Der alte Herr lächelte. Er steckte das Taschentuch wieder in die Tasche, kehrte die Farbpunkte zusammen und warf sie in den Aschenbecher, wo sie unverändert liegen blieben.

Nach kurzem Innhalten fuhr er fort: „Ich konnte am besten denken, wenn ich ging.

Viele Stunden am Tag spazierte ich um den Mönchsberg in Salzburg und habe nachgedacht. Und in meiner Begleitung waren drei Tiere. In der Tasche meines schwarzen Mantels war eine Schlange. Diese hat mich inspiriert. Immer, wenn ich in die Manteltasche griff und die Schlange an meinem Arm entlang gekrochen kam, hoch zu meinem Hals - das hat mich inspiriert. Neben mir ging ein Fuchs. Wenn ich stehen blieb und der Fuchs sich mit seinem warmen Fell an mich lehnte, das hat mich auch inspiriert. Und auf meiner Schulter saß ein Rabe, der sprechen konnte. Ich hatte die Angewohnheit, laut vor mich hinzusprechen, und der Rabe hat das dann nachgesprochen. So hörte ich das, was ich gerade gesagt hatte und habe es beurteilen können.

Diese drei Tiere waren immer bei mir, wenn ich um den Mönchsberg ging. Die Menschen, die mir begegneten, grüßten voller Respekt.
Aber von unten in der Hölle hat Luzifer mich beobachtet, und er war brennend an meinem Befinden interessiert. Es hat ihm wohl keine Ruhe gelassen, wie ich die ‚Heilkraft' und das ‚Elixier des Lebens' gefunden habe.

Nun muss man wissen, dass Luzifer von Gott gestürzt worden war. Mit meiner Hilfe glaubte er wohl, etwas viel Mächtigeres als das Höllenreich erschaffen zu können. Natürlich hatte er meine Schriften studiert, doch diese waren zu verschlüsselt, um sich ihm zu offenbaren. So überlegte er, wie er meine Neugier auf die vielen großen Geister, die bei ihm in der Hölle lebten, wecken könnte. Er stellte sich vor, dass ich mit diesen gerne diskutieren würde.

So hatte Luzifer am Wegesrand auf mich gewartet und gab sich ohne Weiteres zu erkennen.

„Ich bin Luzifer und möchte mit dir sprechen." „Was will der Teufel mir sagen?", fragte ich ihn. Er antwortete: „Es gibt so viel Wissenswertes auf der Welt! Und so viel große Geister, die etwas wissen! Weißt du eigentlich, wer alles bei mir in der Hölle ist?" Und dann zählte er viele Namen auf, dass ich nur so staunte. Mit diesem oder jenem hätte ich schon gern einen Disput geführt!

Luzifer sagte: „Geh mit mir eine Runde um den Mönchsberg, dabei berichte ich dir von den großen Geistern und ihren Gedanken. Es wird nicht zu deinem Nachteil sein."

„Gut", sagte ich, „das will ich tun. Aber ich will ein Pfand haben. Nicht, dass du mich unterwegs in die Hölle hinunterreißt." „Das würde ich doch nicht tun", antwortete Luzifer. „Als Pfand möchte ich deine Augen. Solange wir um den Mönchsberg wandern, hängen die Augen am Ast dieser Eiche, von meinem Raben bewacht!"

Luzifer war einverstanden. Er ließ sich die Augen von mir entfernen. „Ich werde sie dir nach unserem Gang wieder einsetzen", sagte ich. Wir gingen eine Runde. Ich erzählte, Luzifer stellte Fragen, es war ungeheuer spannend. Aber die entscheidende Frage, wie ich die Spagirik und damit die ‚Seelenkraft' gemacht hatte, konnte Luzifer noch nicht Stellen, da war die Runde schon zu Ende. „Jetzt sollst du deine Augen wieder erhalten", hielt ich mein Versprechen.

Luzifer aber wollte noch eine Runde. „Lass uns noch einmal gehen." „Gut", sagte ich, „dieses Mal sollen deine Hoden das Pfand sein. Ich lege sie neben diese Eiche. Verstehst du? Und meine Schlange wird sie bewachen. Sollten wir nicht rechtzeitig wieder zurück sein, so wird die Schlange die Hoden fressen."

Luzifer war damit einverstanden. Wir gingen wieder um den Mönchsberg herum und wieder war es ein ungeheuer spannendes Gespräch.

Fast wäre es soweit gekommen, dass ich mein Geheimnis zur ‚Seelenkraft' verraten hätte, als auch diese Runde endete.

Nun sollte Luzifer seine Hoden wiedererhalten, doch er wollte noch eine Runde gehen. „Es war doch auch für dich interessant. Noch nie habe ich ein so erquickliches Gespräch geführt.", meinte er.

„Na gut", war meine antwort, „eine letzte Runde gebe ich dir noch. Doch dafür will ich dein Herz als Pfand. Mein Fuchs wird das Herz bewachen. Sollten wir zur rechten Zeit nicht zurück sein, so wird er dein Herz auffressen."
Da wurde Luzifer sehr wütend. Er sah mich an und sagte: „Du hältst mich zum Narren – stimmt's?" „Warum meinst du das?" fragte ich.

Und Luzifer entgegnete: „Du, so ein kluger Kopf, so ein großer Wissenschaftler weißt doch ganz genau das ich, der Teufel, kein Herz habe – du hältst mich zum Narren. Du hast mich die ganze Zeit zum Narren gehalten!" „Ja", bekannte ich, „es hat mir große Freude gemacht, den Widersacher des Herrn zum Narren zu halten".

Und ich lachte über den Teufel.

Aber Luzifer war noch nicht fertig mit mir. „Ich will dich nie wiedersehen, Paracelsus. Komm mir nie mehr unter die Augen. Ich werde dich nicht in mein Reich lassen." „Oh, das ist ein schönes Versprechen", sagte ich. „Du versprichst mir, mich nicht in die Hölle zu lassen?" „Ja", war Luzifers Antwort, „Ich will dich dort nicht sehen!"

Für einen Moment legte der alte Herr eine Pause ein, trank einige Schlucke Kaffee. Dann beugt er sich wieder zu uns und fuhr fort:
„Was mache ich aus so einem wunderbaren Versprechen? Mir gefällt es auf der Erde. Es gibt und gab viel zu erforschen, viel zu erleben. Aber dann beging ich eine schwere Sünde. Eine so schwere Sünde, dass mir der Zugang zum Himmel verwehrt wird!

Ich habe meine irdischen Angelegenheiten geregelt, in Salzburg mein Testament geschrieben. Mein letzter Tag ist gekommen, ich bin gestorben.

Als erstes begebe ich mich auf den Weg in den Himmel. Dort tritt mir Petrus entgegen und sagt: „Du hast ein so wunderbares, reines Leben geführt. Und dann diese Sünde? Auf Grund dieser Sünde muss ich dir den Zugang zum Himmel verwehren!"

Petrus zeigt mir den Weg zur Hölle.

Luzifer macht kurz die Tür auf und ruft: „Du! Was willst du hier? Ich habe dir doch gesagt, ich will dich nicht wiedersehen! Ich lasse dich nicht zu mir!"

So bin ich in der Situation, dass ich weder in den Himmel noch in die Hölle kann. Was liegt dazwischen? Die Erde. Nur das habe ich mir gewünscht!
Das heißt, dass ich mir auf diese Art und Weise das ewige Leben bereitet habe."

Paracelsus war am Ende seiner Geschichte angelangt.
Er lehnt sich zurück, trinkt den letzten Schluck Kaffee aus seiner Tasse.
Dann stand er auf, ging langsam zu Herrentoilette und ließ Hedwig und mich zutiefst erstaunt zurück.

Die Zeit verging, Paracelsus kam aber nicht zurück. Schließlich bat mich Hedwig, doch einmal nach dem alten Herrn zu schauen.

Ich ging zur Herrentoilette und schaue nach. Die Kabinen waren leer, der Waschraum auch. Das kleine Lüftungsfenster war verschlossen; von dem alten Herrn jedoch fehlte jede Spur. Nur ein leichter Duft von Lavendel lag in der Luft.

(Quelle: nach einer Geschichte, erzählt in Köhlmeiers Märchen)

Rundwanderung: Der Paracelsus-Gedächtnis-Weg

Der Paracelsus-Gedächtnis-Weg liegt zwar etwas abseits des Laacher-See-Gebietes, ist aber eine wirklich sehr reizvolle Rundwanderung. Ganz wie in den Geschichten beschrieben, ähnelt der Weg einem Gebirgsweg. Er ist mit 4,98 km gut für die ganze Familie geeignet. Wie gesagt, etwas steil, wodurch sich eine alpine Atmosphäre ergibt.

Der Paracelsus-Gedächtnis-Weg ist bei gpsies.com gelistet. Siehe QR-Code.

Geocaching zur Geschichte im Bereich der Rundwanderung: Paracelsus-Gedächtnis-Weg

Eine seltsame Begegnung (Paracelsus-Mystery-Serie)

Typ: Tradi
GC-Code: **GC3Z4B0**
OC-Code: **OCEEAA**
QR-Code: ja, im Cache: Paracelus & Luzifer
Schwierigkeit: 2
Terrain: 2
Größe: normal

Weiter Geocaches

Kell- Brot Häusserl	GC3F0GT
Sternchen	GC357TG
Trasshöhlenweg	GC235PE
Trasshöhlen	GC4D09
Trass und Devon	GC2PDR8
Wolfsschlucht	GC4D0B
Zwei Zeitalter .. Wolfsschlucht	GC3F0BG
Klosterruine Tönisstein	GC3WA7J
Wolf Canyon	GC23RMC
Suden uni	GC2YR16
Ehemalige Kupfererzgrube Barthold	GC41G3V

Und des Meisters Spiel beginnt ...

Einige Tage später waren Hedwig und ich immer noch im schönen Brohltal Gast, im Urlaub eben. Hedwig war auf Einkaufstour in Mayen. Pelle, unser Hund, und ich, wir waren auf Erholungstour im Tal beim Tönisteiner Sprudel. Ich saß auf einer Bank am Werksgelände und trank das gute Wasser direkt aus der Quelle, während Pelle das steile Ufer des Waldes nach Hasen erkundete. Mein Blick ging hinüber zum Hochwald und Richtung Brohltal. Ich dachte an den älteren Herrn. Er sei Paracelsus, hatte er uns versichert. Und wir hatten es ihm schließlich auch geglaubt.

„Ahhh!" - wie ich die milde Frühlingswärme genoss. Ab und zu ein leichter Windhauch, der Abkühlung brachte. Ja, es war eine herrliche Zeit, so kurz nach Ostern.

Ich sah dem geschäftigen Treiben auf dem Betriebsgelände zu, ließ mir das frisch gezapfte Tönissteiner Quellwasser schmecken. Welch ein Genuss!

Plötzlich hatte ich das Gefühl, nicht mehr alleine auf der Bank zu sitzen. Ich öffnete die Augen und tatsächlich, neben mir saß ein recht konservativ gekleideter älterer Herr. Und es war niemand anderes als - Paracelsus.

Er schaute mich nicht direkt an, sagte nur: „Ein schönen guten Tag." Ich nicke nur. „Wussten Sie, dass ich zweimal in Salzburg gelebt habe? – Nein? Das erste Mal im Jahr 1525. In der Pfeifergasse habe ich gewohnt". Er nahm einen Stadtplan von Salzburg aus der Tasche, faltete ihn auseinander, zeigte auf eine bestimmte Stelle auf der Karte.

Nun sah ich, dass Paracelsus einen mit Schnitzereien verzierten Wanderstab neben sich abgelegt hatte. Der Wanderstab war sehr schön, recht lang und im oberen Teil war der Kopf eines Drachen geschnitzt. Am unteren Ende befand sich eine Art Metallkranz, mit einem ca. 30 cm langen Dreizackdorn, der nach unten zeigte.

Der Dreizackdorn wirkte sehr scharf und sah spitz aus. Zum Schutz wurde er in eine Schutzhülle aus Leder gesteckt.

„Die Zeiten haben die Stadt gewandelt, aber auch damals ging es in der Stadt hektisch zu. Die Menschen waren zwar anders gekleidet – aber das können Sie sich ja wohl vorstellen!

Damals herrschte der Erzbischof Matthies Lang von Wellenburg über Salzburg. Er war dem Luxus sehr zugetan, und das Volk musste den Luxus bezahlen. Überall im Land kam es zu sozialen Unruhen. Die Bauern und vor allem die Bergknappen vom Dürrnberg wagten den Aufstand gegen Adel und Klerus, was in Salzburg der Erzbischof beides verkörperte.

In dieser unruhigen Zeit traf ich dort in Salzburg ihn, den Namenlosen, den alle nur den ‚Meister' nannten. Nach außen war er ein einfacher Händler, ein Gaukler, ein Taschenspieler, wie es viele damals gab. Pünktlich am Markttag stand er mit seinem bescheidenen Stand auf dem Markt, lockte die Kundschaft mit Zaubertricks an und verkaufte den Leuten seine Kräutertinkturen. Diese wirkten sogar. Heute würde man sie als Magenbitter oder Schwedenkräuterbitter bezeichnen.

Aber er hatte ein Geheimnis! Viele ahnten es, aber nur wenigen hat er es jemals eröffnet. Ich selbst habe bei ihm gelernt. Er hob den Kopf und schaute mich nun direkt an. „Ja, auch ich musste lernen und ich war mir nie zu schade dafür."

Eine Pause entstand.
Beide schauten wir zum Werksgelände hinüber, zum Brohlbach hinunter, der träge dahinfloss. Pelle kam schwanzwedelnd herbei und legte sich Paracelsus ganz selbstverständlich zu Füssen.

Paracelsusfuhr nach einiger Zeit mit seiner Erzählung fort. Wenn die Kundschaft an seinem Stand vorbeiging, begann der Meister mit seinem Spiel.

<< Meine Damen und Herren! Die Attraktion des Tages! Die beste Unterhaltung heute und hier! Schaut!

Drei Tonscheiben! Auf einer der Tonscheiben ist ein Siegel. Auf den anderen beiden Tonscheiben ist nichts. Die Tonscheibe mit dem Siegel ist die Glücksscheibe. Auf sie müsst ihr achten! Kommt näher, ihr Bürger und Bauern. Ihr werten Herren und Damen!
Gebt gut acht! des Meister's Spiel beginnt! >>

Er dreht die Tonscheiben in seinen Hände, wirft sie gekonnt auf den Tisch und vertauscht sie einige Male. << Wo nun liegt die Glückscheibe? Wer richtig rät, erhält eine Flasche meines Gesundheitstrunkes als Preis! >>

Die Mitspieler tippen, setzen kleine Geldmünzen auf das Spiel, streiten miteinander um die Wette.

Dann wendet der Meister die Tonscheiben und meistens verlieren die Mitspieler. Oft gibt er den Spielern das Geld großzügig zurück. Dann verweist er auf seine Allheiltinkturen und findet meist ein kauffreudiges Publikum.

So also verdiente der Meister sein Geld auf der Straße! Ganz im Sinne der alten Tradition der Gaukler und Taschenspieler. Die Spieler aber, die verloren hatten, gönnten dem Meister das Geld, denn es war ihnen lieber, das Geld hier im Spiel zu verlieren, als vom Klerus ausgebeutet zu werden.

Am liebsten spielte der Meister mit Mitgliedern des höheren Klerus und Adels. Ja, es kam sogar vor, dass der Erzbischof Matthies Lang von Wellenburg selbst über den Markt schritt und am Stand des Meisters Halt machte. Die beiden verband eine Art Hassliebe, und wenn der Erzbischof das Spiel verlor, so bewegte er keine Miene über den Verlust – doch der Blick, der den Meister traf, sprach Bände.

Oft stand ich neben dem Stand des Meisters und beobachtete sein Spiel. Aber auch die allergrößte Fingerfertigkeit erklärte nicht das Verschwinden und Wiederauftauchen des Siegels auf den Tonscheiben!
Nein, mit normalen Taschenspielertricks hatte sein Spiel nichts mehr zu tun!"
Paracelsus hält inne und seufzt tief. Das ließ mich aus meinem Tagtraum wieder erwachen, hatte ich doch den Meister, seinen Stand und das bunte Treiben dort herum ganz klar und deutlich vor meinem geistigen Auge gesehen.

Paracelsus stand auf und sagte zu mir: „Kommen Sie, lassen Sie uns ein Stück laufen. Das wird meinen alten Knochen gut tun." Pelle stand bereit, und auch ich war ganz froh über seinen Wunsch. Wir gingen langsam den Waldweg entlang Richtung Jägerheim.

„Eines Abends", so begann Paracelsus nach einiger Zeit, „saßen der Meister und ich im ‚Weißen Rössel'. Nach dem Mahl hatten wir schon einige Becher Bier getrunken, da beugte sich der Meister zu mir herüber, schaute mir lange in die Augen und sagte bedeutsam und leise, während er seine geheimnisvollen Tonscheiben aus seinem Beutel nahm und langsam zwischen den Fingern drehte: „Schauen Sie!

-   Geschaffen aus der Erde Lehm!

–   Gebrannt im Feuer der Vulkane!

– Gehärtet in des Drachen Blut!

Diese Tonscheiben sind nicht von dieser Welt! Ihr Geheimnis ist die in ihnen wohnende Magie!"

Mit diesen Worten dreht er die Tonscheibe mit dem Siegel um und nach einer ganzen Drehung war das Siegel verschwunden – einfach weg!

Ergab mir die Tonscheibe, so dass ich sie untersuchen konnte, aber das Siegel blieb verschwunden. Nicht die geringste Vertiefung konnten meine Finger ertasten.

„Heben Sie nun eine der anderen Tonscheiben auf," sagte er. Ich tue wie mir geheißen, und zu meiner Überraschung war das Siegel nun auf einer der anderen Tonscheiben. Der Meister lächelte. „In den Tonscheiben ist uralte Magie! Vergessen sie das nie! Denn Sie sollen mein Erbe sein."

Dann nahm er die Tonscheiben vorsichtig auf und legte sie in den Beutel zurück.

„Noch bevor ich dem Meister weitere Fragen stellen konnte", sprach Paracelsus weiter, „wurde die Tür vom ‚Weißen Rössel' aufgerissen und Soldaten des Salzburger Erzbischofs stürmten herein. Sie schauten sich kurz um, dann kamen sie direkt auf unseren Tisch zu. Ihr Kommandant baute sich etwas großspurig vor uns auf.
Er sprach uns an. << Wir suchen den‘ Gruber Michael! Sag! Wo finden wir ihn, diesen verdammten Ausständler! >> Um seiner Forderung mehr Bedeutung zu verleihen, griff er nach seinem Schwert, das er im Gürtel trug. Er zog es und setzte die Klinge an den Hals des Meisters.
Das war dann auch für mich zu viel. Ich lehnte mich nach hinten und zog gleichzeitig mein Schwert hervor, welches unter meinem Mantel verborgen war.
Schon stand ich kampfbereit vor dem Kommandanten, hielt ihm meine Schwertklinge an den Hals – bereit, sofort zuzustoßen. Der Kommandant ließ vom Meister ab, wandte sich wutentbrannt mir zu, schlug auf mein Schwert ein und der Kampf begann.

Er endete so schnell, wie er begonnen hatte, denn einer der Soldaten sprang zwischen uns und trennte uns. Eine Pause entstand, in der man die Spannung förmlich im Raume knistern hören konnte. Der Kommandant schaute noch einmal wütend auf uns, dann gingen die Soldaten wortlos hinaus."

Paracelsus legte eine kurze Pause ein, während wir den Waldweg weiter beschritten. Dann fuhr er fort. „Die Reformation in Deutschland unter der Führung eines Mönches namens Luther stand am Beginn der Aufstände. Michael Gruber war im Jahr 1525 aus der Obersteiermark nach Salzburg gekommen. Er war das, was ihr heute einen Freiheitskämpfer nennt. Er war der Salzburger Bauernaufstandsführer. Unter seiner Führung eroberten die Bauern und Knappen die Stadt Salzburg und belagerten wochenlang die Festung Hohensalzburg, auf die Erzbischof Kardinal Matthies von Lang geflohen war.
Die Bauern und Knappen kämpften für mehr Rechte, und Michael Gruber hatte die Forderungen für sie zusammengefasst.

Diese Forderungen waren mehr als berechtigt. Die harten Lebensbedingungen der Bauern und das schwere Los der Knappen in den Bergminen des Dürrnberg waren den Aufstand wert.
Im Auftrag der Salzburger Erzbischöfe begann 1150, lange nach den Kelten, erneut der kommerzielle Salzabbau am Dürrnberg. Das Geld des ‚weißen und echten Goldes' floss; Salzburg wurde zu dem, was es heute ist. Aber die Knappen am Dürrnberg blieben arm und starben früh. Kinderarbeit war in dieser Zeit normal.

Ich selbst erhob meine Stimme gegen den Adel, den Klerus und fand großen Zuspruch unter der Bevölkerung. Das blieb nicht unbekannt. So geschah das, was ich gerne vergessen würde."

Wieder legte Paracelsus eine Pause ein; sammelte seine Gedanken. Inzwischen konnten wir auf die Wegteilung am Jägerheim herab schauen. Links wandt sich der Weg über Wassenach zum Laacher See und rechts ging es weiter nach Burgbrohl.

„Am anderen Tag war Markttag und ich stand nicht weit von des Meisters Verkaufsstand. Ein Trupp Söldner, unter ihnen auch der uns bekannte Kommandant, kam direkt auf uns zu. Ihrer Haltung nach zu urteilen wollten sie uns wohl festnehmen. Da griff der Meister zu seinem Wanderstab. An dessen unscheinbarem unteren Ende erschien eine ca. 30 cm lange dreikantige Spitze, deren Seitenkanten scharf geschliffen waren. Damit war der Wanderstab zu einer tödlichen Waffe geworden. Und der Meister verstand mit ihr umzugehen.

Ich griff zu meinem Schwert. Der folgende Kampf war hart und grausam. Keiner der Gegner wollte auch nur einen Zentimeter weichen. Und die Söldner waren nicht nur gut bewaffnet, sie waren auch in der Überzahl.

Da erschienen zu unserer Verstärkung Gruber mit seinen bewaffneten Männern. Nun ging der Kampf erst richtig los. Mann gegen Mann – ein Hauen und Stechen – ein Morden, ein Schlachten.“

Wir kamen an einer Bank vorbei und Paracelsus blieb stehen. „Lassen Sie uns Platz nehmen,“ sagte er und setzte sich selbst. „Schließen Sie ihre Augen und schauen Sie!“

Ich schloss die Augen und erblickte eine mittelalterliche Stadt – war es Salzburg oder Mayen? Das vermochte ich nicht zu entscheiden, zu groß war die Ähnlichkeit.

„Auf dem Residenzplatz, dem ehemaligen Marktplatz, waren viele Menschen versammelt. Sie waren bewaffnet und stürmten aufeinander los. Verwundete, Tote lagen überall. Die Gesichter der Kämpfer waren verbissen, kannten keine Gnade! Ich hörte Schreie – aus Angst, Verzweiflung, voller Wut! Es herrschte Krieg! Ich sah, wie Blut aus aufgeschlitzten Körpern spritzte und abgehackte Körperteile lagen, ja flogen umher.

Dann sah ich, wie in einer Momentaufnahme, den kämpfenden Meister. Gerade riss ein Söldner sein Schwert hoch, richtete die Schwertspitze zielsicher auf die Brust des Meisters. Nur noch Bruchteile einer Sekunde und die Klinge würde in des Meisters Burstkorb eindringen – ihn töten!

Der Meister reagierte blitzschnell. Er riss seinen Kampfstab hoch, verlieh ihm genügend Schwung, indem er ihn an der Griffschlaufe hielt und ihn nach vorne senkte. Die scharfe Seite der Klinge drang mühelos durch den Leib des Söldners und schlitzte ihn auf. Während sich der Meister bereits dem nächsten Gegner zuwandte, stand der Söldner wie versteinert da. Er ließ das Schwert sinken, griff an seinen Bauch, aus dem seine Gedärme quollen. Blut ergoss sich auf den Boden, färbte ihn rot. Das Gesicht zu einer starren Maske verformt, sanker in sich zusammen und starb ohne einen Ton.

Als ich im Augenwinkel die Michaelkirche sah ich Bogenschützen des Erzbischofs und plötzlich regnete ein wahrer Schauer von Kriegspfeilen auf die kämpfenden Menschen herab.

„Ich konnte gerade noch in einen Türeingang flüchten und überlebte," sprach Paracelsus leise, wie zu sich selbst.

„Blut, Schreie und dieser widerliche Gestank von den Gedärmen, von den abgetrennten Körperteilen.

Schnell schaute ich nach dem Meister. Und erkannte genauso schnell, dass er tot war. Getroffen von drei Pfeilen, lag er verdreht über seinem Standtisch, während die Kämpfenden weiter auf den alten Markt drängten. Es war vorbei. Der Meister war tot.

Von der Festung drängten weitere Söldner herbei. Ich wusste, ich hatte keine Zeit mehr. Ich schnitt den Beutel mit den Tonscheiben vom Gürtel des Meisters ab, ergriff seinen Wanderstab und lief zu meiner Wohnung am Platzl. Dort raffte ich einige Gegenstände, die mir gehörten, zusammen und verließ schnell die Wohnung – keine Minute zu früh.
Vom Marktplatz her hörte ich bereits den Marschlärm von anrückenden Söldnern. Der Erzbischof wollte mich gefangen nehmen lassen.
Doch es gelang mir die Flucht! Über das Dorf Berchtesgaden und weiter über Reichenhall wanderte ich dann nach Norden. Zurück blieb Salzburg – und zurück blieb der Meister."

Plötzlich wurde es ganz ruhig um uns. Nach einiger Zeit spürte ich wieder die Wärme der Sonne auf meinen Wangen, roch die frische Luft. Und ich wusste instinktiv, dass, wenn ich die Augen öffnete, Paracelsus nicht mehr auf der Bank sitzen würde. Einen Moment wartete ich noch – dann öffnete ich die Augen.

Ich war allein. Mich überkam das Gefühl von Einsamkeit.

Pelle hatte sich in den Schatten der Bank gelegt. Ein kleiner Beutel lag auf der Bank, wo Paracelsus gerade noch gesessen hatte und an der Bank lehnte sein Wanderstab - der Kampfstab des Meisters. Ich öffnete den Beutel. Es sind die Tonscheiben des Meisters.

(Zitat aus dem Geschichtsbuch: Im August 1525 kapitulierten die Aufständischen vor dem Schwäbischen Bund und ein Friedensvertrag mit den aufständischen Bauern und Knappen wurde geschlossen, der jedoch vom Salzburger Erzbischof Matthäus Lang von Wellenburg sofort wieder gebrochen wurde. Immerhin lässt er die Bauern und Knappen ungeschoren davon kommen.)

Der leise plätschernde Brohlbach vermittelt ein Bild des Friedens, so als wenn es die Bauern- und Knappenaufstände in Salzburg und an anderen Orten Deutschlands nie gegeben hätte.

Ich saß da, hielt die Tonscheiben in den Händen, schaute den Kampfstab an.
Soll ich der Erbe sein?
Sollte auch ich berufen sein, mich gegen die soziale Ungerechtigkeit in unserer Zeit zu erheben?

…und des Meisters Spiel beginnt!

Geocache zur Geschichte:

Des Meisters Spiel (Paracelsus-Mystery-Serie)

Typ: Tradi
GC-Code: **GC3VJ0N**
OC-Code: **OCE67F**
QR-Code: nein
Schwierigkeit: 2
Terrain: 2
Größe: normal

Die Spinne im Wald oder „Das Elixier"

Es war unser letzter Urlaubstag. Draußen regnete es Bindfäden, als ob sich die Schleusen des Himmels geöffnet hätten. Wir beschlossen, das Kloster Maria Laach mit seinen Angeboten zu besuchen.

Während wir uns in der Klosteranlage aufhielten wurde das Wetter etwas besser, zu mindestens hörte es auf zu regnen. Das Angebot war übersichtlich: ein Bioladen, die Klostergärtnerei, die Schmiede, aber es gab auch eine gut bestückte Buchhandlung. In ihr war es auch schön warm.

Hedwig fand nach einiger Zeit ein Buch, das sie vom Thema her ansprach. Nach einer kurzen Leseprobe zog Sie die Geldbörse und bezahlte das Buch. Sie ließ sich das Buch noch schön verpacken, so macht das Auspacken zu Hause einfach mehr Spaß.

Währenddessen schaute ich mich noch ein wenig im Buchladen um. Ein recht großzügiges gutes Sortiment, das muss ich dem Laden bescheinigen.

An der Kasse fiel mir ein kleines Paket auf. Es war in braunes Packpapier eingeschlagen und mit einer Schnur umwickelt. Ich sah ein merkwürdiges Siegel, das ins Auge fiel. Was mochte wohl in dem Paket sein?

Die Verkäuferin bemerkte mein Interesse. „Das Paket habe ich erst heute Morgen von einem älteren Herrn bekommen. Es ist für jemanden bestimmt, der sich bei mir als ‚Freund des Paracelsus' vorstellen wird." Dann verpackte sie weiter Hedwig Buch.

Hedwig schaute mich an, sagte aber keinen Ton. Schließlich sage ich zu der Verkäuferin: „Ich glaube, der ältere Herr könnte uns damit gemeint haben. Wir haben ihn nämlich vor einigen Tagen kennengelernt."

„Nun, dann sollten Sie es öffnen", meinte die Verkäuferin und reichte Hedwig das eingepackte Buch und mir das Paket.

„Ich hole eine Schere und wenn Sie einverstanden sind", sagte die Verkäuferin, „dann koche ich einen guten Tee und wir alle schauen, was in dem Paket ist."

Wir waren einverstanden und dankbar für den heißen Tee. Bald saßen wir alle in der kleinen Sitzgruppe mitten im Buchladen. Die Verkäuferin reichte mir die Schere. Ich durchschnitt vorsichtig die Schnur, dann hob ich den Deckel hoch.

Im Paket lagen ein altes, vergilbtes Heft und eine kleine weiße Flasche. Auf dem Heftdeckel stand schlicht: ‚Reisenotizen – aufgeschrieben von Philippus Theophrastus Bombastus von Hohenheim'.

Wir staunten! Als ich die ersten Seiten des Heftes sichte, war ich hingegen enttäuscht, weil ich die Schrift kaum entziffern konnte. Sie war teils vergilbt und wird heute nicht mehr gelehrt. Die Verkäuferin bat um Einsicht in das Heft und wir hatten Glück – sie konnte die alte Schrift lesen.

Und so las sie uns vor:

„Zu meiner Zeit war ich als Arzt berühmt. Allerlei sonderbare Geschichten waren über mich, der ich einen großen Teil meines Lebens auf der Wanderung durch die Alpen verbrachte, im Umlauf. Dabei drang mein Ruf weit über die Grenzen des Alpenlandes hinaus, und von allen Seiten kamen Kranke und Leidende zu mir, um bei mir Rat und Hilfe zu finden. Da mir die schwierigsten Kuren glückten, hieß es im Volk bald, ich wirke Wunder, verfüge über geheime Zauberkräfte, besitze ein wundertätiges Lebenselixier, von dem ein Tropfen genüge, alle Krankheitskeime zu vernichten, die halberloschenen Lebensgeister aufs Neue zu entflammen und das Leben auf hundert Jahre zu verlängern; ich könne Gold machen und verstehe die Sprache der Tiere und Pflanzen.

Meine Feinde und Neider dagegen sagten mir manches Üble nach und behaupteten sogar, ich stünde mit dem Teufel im Bunde.

Einmal war ich auf dem ‚Jakobsweg' Richtung Innsbruck unterwegs. Als ich in Rattenberg am Inn pausierte, ging ich häufig des Morgens in den Wald unweit der Stadtmauer, um mich in Gottes Einsamkeit nach zu sinnen. Bei einer dieser Wanderungen hörte ich meinen Namen rufen, konnte jedoch niemanden erblicken.

„Wer ruft mich da?", fragte ich.

„Ich", erscholl es als Antwort. „erlöse mich aus dieser Tanne, in die ich eingeschlossen bin!"

„Wer ist dieses Ich?", wollte ich wissen.

„Man nennt mich den Bösen", gab die Stimme zur Antwort, „aber du wirst sehen, dass ich zu Unrecht so heiße, wenn du mich befreist."

„Wie kann ich das?"

„Schau dort rechts an der alten Tanne empor, da wirst du ein Zäpfchen mit drei Kreuzen bemerken, das ich von innen nicht herausstoßen kann. Ein Geisterbeschwörer hat mich da hineingezwängt."

„Und was soll mein Lohn sein, wenn ich dich befreie?"

„Was verlangst du denn?"

„Erstens eine Arznei, die jede Krankheit zu heilen vermag, das ‚Elixier des Lebens', und zweitens ein Mittel, das alles in Gold verwandelt, was ich damit berühre."

„Beides sollst du haben!"

„Wer bürgt mir aber dafür, dass du mich nicht betrügst?"

„Ich, so wahr ich der Teufel bin!"

„Nun gut, dann will ich dich befreien, wenn ich das Zäpflein herauszuziehen vermag."

Ich trat an den Baum heran, lockerte das Zäpfchen mit meinem Messer und zog es mit großer Mühe aus dem Stamm heraus. Dann harrte ich gespannt, auf das, was sich weiter ereignen würde. Da kroch langsam eine große, schwarze Spinne aus dem Loch heraus, ließ sich an einem Faden auf das Moos herab und war verschwunden. An ihrer Stelle stand ein hochgewachsener, hagerer Mann mit grinsender Teufelsfratze vor ihm, dessen langer, roter Mantel den Pferdefuß seines Trägers kaum verbergen konnte.

„Komm mit!", rief der Teufel, riss sich eine Haselrute ab und schritt mit mir zum nächsten Felsen, der zwischen den Tannen emporragte. Auf einen Schlag mit der Gerte spaltete sich das Gestein. „Warte hier eine Weile, ich bin gleich wieder da", meinte der Satan zu mir und trat in die entstandene Kluft hinein. Schon nach wenigen Minuten erschien er wieder und hielt mir zwei Fläschchen entgegen, wobei er erklärte: „Hier sind die versprochenen Mittel! In dem gelben Fläschchen ist die Goldtinktur, im weißen die Arznei." Dann fügte er noch hinzu: „Gehst du mit nach Innsbruck? Ich möchte den Mann, der mich in diese missliche Lage gebracht hat, einen Besuch abstatten! Oh, der wird sich wundern, wie rasch er mich wiedersieht!"

Mir tat es um diesen Mann leid, und ich wollte ihn retten. Aber ich konnte ihn nicht warnen; denn ich wusste ja nicht, wie er hieß und wo er wohnte; auch war der Teufel viel flinker als ich! Schließlich kam mir ein guter Gedanke: Ich wollte den Teufel bei seiner Eitelkeit packen. Als wir wieder an der Tanne vorbei kamen, in der er eingeschlossen gewesen war, sagte ich: „Dieser Geisterbeschwörer muss aber viel Macht haben, dass er imstande war, dich in ein so kleines Löchlein hineinzuzwängen. Von selbst brächtest du es wohl kaum zuwege, dich in eine so kleine Spinne zusammenzuziehen."

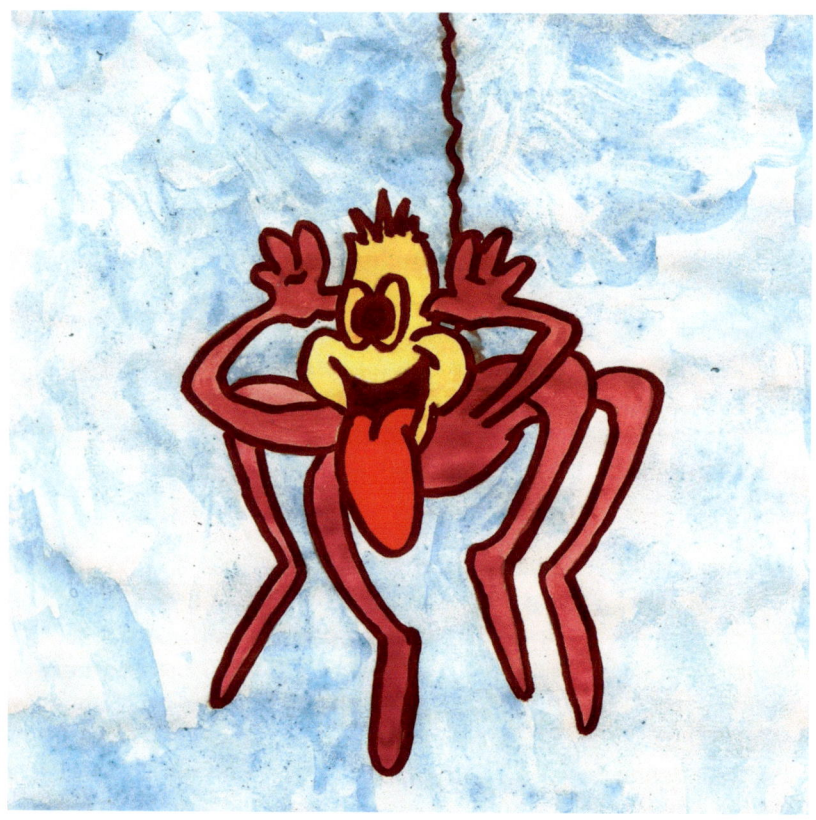

„Mein Lieber, da irrst du gewaltig", erwiderte der Teufel, überlegen grinsend. „der Teufel kann manches, wovon ihr armseligen Erdenkinder keine Ahnung habt. Was gilt's, dass ich mich vor deinen Augen sogleich in eine kleine Spinne verwandle und wieder in das Löchlein krieche?"

„Ja, wenn du dazu imstande bist", versetzte ich, „sollst du die beiden Fläschchen wiederhaben, die du mir soeben gebracht hast; denn um ein solch unbegreifliches Kunststück zu sehen, wäre mir kein Opfer zu groß."

„So schau her und staune!", rief der Teufel und verwandelte sich flugs in eine schwarze Spinne, die den Stamm des Baumes hinauf krabbelte und in dem kleinen Loch verschwand.

Kaum war sie drinnen, ergriff ich das Zäpflein, trieb und hämmerte es mit aller Kraft in den Baumstamm und schnitzte mit meinem Messer drei neue Kreuze drauf. Dann verließ ich schleunigst den Wald, den Teufel seinem Schicksal überlassend.

Draußen auf der Blumenwiese aber blieb ich stehen und sagte zu mir: „Jetzt möchte ich doch einmal sehen, ob mich der Teufel nicht etwa betrogen hat." Ich öffnete das gelbe Fläschchen und ließ ein Tröpflein daraus auf meine Hand fallen.

Und wirklich, das Tröpfchen nahm in meiner Hand an Schwere zu und wurde zu gediegenem Gold. Da freute ich mich und gedachte, das andere Fläschchen bei den nächsten Kranken, der zu mir kam, auszuprobieren.

Ich brauchte nicht lange zu warten, bis einige Pilger auf dem Jakobsweg, der von Rattenberg nach Innsbruck führt, vorbeikamen. Einer der Pilger hatte Blasen an den Füßen, ein anderer sah krank und schwach aus. Ich hielt sie an und erzählte ihnen, dass ich ein Doktor der Medizin sei und ihnen helfen wolle. Sie stimmten begeistert zu. So konnte ich das Elixier aus der weißen Flasche ausprobieren. Ein Tropfen der Medizin, die ich ihnen reichte, genügte, die Pilger von ihren Krankheiten zu heilen.

Froh über die Wundermittel, die ich dem Teufel entlockt hatte, schritt ich nun heimwärts nach Rattenberg und wurde in kurzer Zeit der berühmteste Arzt des Landes.

Jahrelang übte ich die medizinische Kunst aus und machte viele Menschen, die von andern Ärzten schon aufgegeben waren, wieder kerngesund. Mein Ansehen und mein Ruhm wuchsen und drangen in immer weitere Kreise; freilich wuchsen auch der Neid und der Ärger der übrigen Ärzte in Innsbruck, die allmählich ihre ganze Kundschaft verloren. Wiederholt trachteten sie, mich aus dem Weg zu räumen, aber nie glückte der abscheuliche Plan. Trotzdem war ich bald gezwungen, weiterzuziehen und Rattenberg zu verlassen. Zunächst zog ich weiter auf dem Jakobsweg durch die Alpentäler und auch nach Italien, auf der anderen Seite der Alpen.

Und schließlich fiel ich doch der Tücke meiner Rivalen in Salzburg zum Opfer. Es gelang ihnen nämlich, mir zerriebene Diamantenkörner beizubringen, gegen deren tödliche Wirkung kein Mittel bekannt war.

Als ich nun sterbenskrank in meinem Wohnhaus am „Platzl" in Salzburg daniederlag und fühlte, dass mein Ende nahe war, rief ich meinen Diener, gab ihm das Fläschchen mit der gelben Flüssigkeit und befahl ihm, es sogleich in die Salzach zu schütten. Der aber meinte, das Fläschchen enthalte den Zaubertrank, mit dem sein Herr so viele Wunderkuren ausgeführt hatte. Er dachte: „Das Fläschchen behalte ich. Ich wäre doch ein Narr, wenn ich mir die Gelegenheit entgehen ließe, reich und angesehen zu werden." So kehrte er nach kurzer Zeit, ohne den Befehl ausgeführt zu haben, an das Krankenbett seines Herrn zurück und sagte: „Herr, ich habe getan, was Ihr mir befohlen habt."

„Und was sahst du", fragte ich, „als die Flüssigkeit ins Wasser rann?"

„Nichts", entgegnete verwundert der Diener.

Da fuhr ich von meinem Lager auf und rief: „Nichtswürdiger Mensch, so vollziehst du meine Befehle! Du wolltest mich betrügen und bedachtest nicht, dass ich alles erfahre. Geh sofort und führe meinen Befehl aus oder, bei Gott, du sollst meinen Zorn noch einmal zu fühlen bekommen!"

Erschrocken eilte der Diener, der meinen Zorn fürchtete, so rasch er konnte zur Salzach und tat, wie ich ihm geheißen. Als sich der Wundertrank mit den Fluten der Salzach vermischte, glänzte lauteres Gold zu dem erstaunt in den Fluss hinabschauenden Diener empor. Seitdem führt die Salzach Goldkörner auf ihrem Grund.

Ich aber wollte mich noch nicht mit dem Tod abfinden und ein letztes Mittel gegen die vernichtende Wirkung der Diamantenkörner versuchen. Ich gebot dem Diener, aus der Krankenstube zu gehen und sich vor Abend nicht mehr blicken zu lassen, fing zwei Spinnen und zwang sie, in meinen Schlund hinab zu kriechen, um die Diamantenkörner heraufzuholen. Schon hatten die Tiere sie beinahe bis in den Mund heraufgebracht, im nächsten Augenblick wäre ich gerettet gewesen, als der Diener zur Unzeit die Tür öffnete.

Das Knarren der Türangeln erschreckte die Spinnen, sie ließen die Körner wieder in den Magen hinabfallen. Nun war mein Schicksal besiegelt. Noch in derselben Nacht starb der berühmte Philippus Theophrastus Aureolus Bombastus von Hohenheim in seiner Wohnung am Platzl in Salzburg.

Das weiße Fläschchen mit dem Lebenselixier habe ich aufbewahrt. Es ist in diesem Paket. Mögt Ihr vielen Menschen damit helfen."

Die Verkäuferin schloss das alte Heft. Stille hatte sich in der Buchhandlung breit gemacht. Ehrfürchtig betrachteten wir das Fläschchen. Nach einiger Zeit steckte Hedwig das Fläschchen wortlos in ihre Handtasche.

Ja das war ein kostbares Andenken aus einem ungewöhnlichen Urlaub. Als wir die Buchhandlung verließen setzte der Regen wieder mit aller Kraft ein.

Wir liefen gerade den Weg zum Klosterparkplatz hinunter, als ich für einen Moment eine mir bekannte Persönlichkeit zu sehen glaubte – Paracelsus! Ich wollte nach ihm rufen, ihn ansprechen, aber die gute Hedwig hielt mich zurück. Es war genug für einen Urlaub, und wir hatten ja die kleine weiße Flasche.

Geocache zur Geschichte:

Der Paracelsus-Gedächtnis-Cache (Paracelsus-Mystery-Serie)

Typ: normal
GC-Code: **GC3NRY1**
OC-Code: **OCE689**
QR-Code: nein
Schwierigkeit: 2
Terrain: 1,5
Größe: normal – Wasserbehälter mitbringen

Die Traumpfade der Osteifel

Einst von glühender Lava bedeckt, ist die Osteifel heute ein grünes und fruchtbares Land. Wander- & Naturfreunde nennen sie liebevoll das grüne Herz des Brohltals. Um sich als Wanderer das Gebiet der Eifel auf hochwertigen Wanderwegen zu erschließen, bieten die Traumpfade sich als die erste Wahl an.

Solch eine Wanderung durch die Osteifel ist in erster Linie ein spannender Ausflug in längst vergangene Zeiten: Eine Vielzahl von spitzen Bergkegeln, besonderen geologischen Formationen und der große Kratersee Laacher See sind Zeugnisse der ursprünglichen Vulkanlandschaft. Nahe dem Kloster Maria Laach liegt die historische Stadt Mayen – kultureller und wirtschaftlicher Mittelpunkt der Region. Sie lädt ein zum Bummeln, Entspannen und Auftanken.

Aber auch das Brohltal mit all seinen Sehenswürdigkeiten ist ein lohnendes Ziel.

Traumpfade, bitte den QR-Code einscannen.

Die Geschichte der ‚heiligen Reliquien'

Eine Reliquie (lat. für ‚Überbleibsel') ist ein Gegenstand religiöser Verehrung, besonders ein Körperteil oder Teil des persönlichen Besitzes eines Heiligen. Eine Sonderform sind *Berührungsreliquien*, also Gegenstände wie Kleidungsstoffe, mit denen der Heilige in Berührung kam oder gekommen sein soll.

Bereits im frühen Christentum entwickelte sich eine besondere Märtyrerverehrung. Der erste biblische Beleg für Reliquien findet sich in der Apostelgeschichte, wo die Gläubigen den hl. Paulus mit Tüchern berührten und diese dann bei sich trugen (Apg 19,12 EU). Lange Zeit wurde der aus der Urkirche herrührende Brauch gepflegt, über den Gräbern von heiligen Märtyrern Kirchen zu errichten (etwa die Peterskirche in Rom). Später ging man in der lateinischen Kirche dazu über, unter oder in den Altar Reliquien einzubetten. Die Ostkirchen setzen, ihrer Tradition folgend, Reliquien in die Mauern ihrer Kirchen. Mit dieser Praxis soll der innere Zusammenhang zwischen der „Gemeinschaft der Heiligen" und der irdischen Kirche versinnbildlicht werden.

Die Reliquienverehrung ist eine der ältesten Formen der Heiligenverehrung und bereits seit der Mitte des 2. Jahrhunderts nachweisbar. Dies ist bemerkenswert, da in der heidnischen Antike die Reliquienverehrung nicht erwünscht war und Körperteile von noch so frommen Verstorbenen als unrein galten.

Veranlasst durch Wunderberichte wurden seit dem Frühmittelalter den Reliquien der Märtyrer medizinische Wirkung zugeschrieben, man sah in ihnen den besten Zugang auf übernatürliche Hilfe und Schutz für Kranke. Die kirchliche Wunderbehandlung (*Hagiotherapie*) stand dabei durchaus im Gegensatz zur säkularen Medizin. Die großen Kathedralen des Mittelalters verdanken ihre Entstehung und ihren Ruhm vor allem hochverehrten Reliquien – etwa der Heiligen drei Könige im Kölner Dom oder der Heiligen Jungfrauen in St. Ursula in Köln.

Am Vorabend der Reformation war es in der Volksfrömmigkeit, in der Reliquienverehrung traditionell eine große Rolle spielte, zu immer stärkeren Auswüchsen gekommen. Die Reformatoren kritisierten zunächst diese Auswüchse, bevor ihre Kritik grundsätzlicher wurde. So hielt Martin Luther am 26. Januar 1546 in der Frauenkirche zu Halle eine Predigt gegen den „Reliquienkram" des Erzbischofs Albrecht. Aus vielen Kirchen wurden im Zuge des reformatorischen Bildersturms auch die Reliquien entfernt, unter den Reformierten Calvin und Zwingli sogar verbrannt. Der Verbleib vieler zuvor bedeutsamer Reliquien ist seitdem unbekannt. Entgegen dem Befehl der protestantisch gewordenen Landesherren bewahrte die Bevölkerung Marburgs und manch anderer Orte die Reliquien auf.

Im Kloster Maria Laach befanden sich zeitweise an die acht Reliquien. Heute sind es noch mindestens zwei Reliquien (Kreuzsplitter).

(Quelle: Wikipedia)

Das Geheimnis des Kosters Maria Laach oder

„Das Vermächtnis des Tempelritters"

Im späten 14. Jahrhundert herrscht auch am Laacher See die Zeit des mystischen Mittelalters – eine Epoche voll dunkler Mythen und der Angst vor der magischen Macht des Teufels.

Das größte Geheimnis des Mittelalters wird im Jahr 1156 vom Großmeister der Templer gefunden. Er bringt einen geheimnisvollen Gegenstand aus Konstantinopel (heutiges Istanbul) nach Südfrankreich.

Es ist der Legende nach ein im 4. Jahrhundert von der Kaiserin Helena (Mutter von Kaiser Konstantin) gefundener Nagel, mit dem Jesus Christus ans Kreuz geschlagen wurde.

Als 150 Jahre später der Templerorden vom französischen König Philip dem Schöne verboten und verfolgt wird, soll der Ritter von Ulmen, ein Templer aus der Eifel, diese heilige Reliquie retten, denn die Soldaten des Erzbischofs aus Mainz stehen vor dem Burgtor von Burg Lahneck. Nur wenn er es schafft, die Reliquie unversehrt aus der Burg zu bringen, kann er das Erbe des Ordens retten. Eine gefahrvolle Flucht beginnt.
Sie führt von der Burg Lahneck zur Komturei des Ordens nach Hönningen und von dort nach Bad Breisig. In der Komturei von Bad Breisig wird dem Templer geraten, sich in dem einsam gelegenen Kloster Maria Laach zu verstecken und mit ihm die heilige Reliquie.

Er befolgt den Rat und findet im heutigen Kloster Maria Laach am Laacher See einen sicheren Unterschlupf. Die Reliquie bleibt auch nach seinem Tod in einem Versteck am Kloster zurück und gerät für lange Zeit in Vergessenheit.

Rundwanderung: Der Templerweg oder
Abbatia Mariae ad Lacum

Der Templerweg mit 3,5 km führt zunächst über den Uferweg am Laacher See entlang. Aber bald biegt er in Richtung Straße ab, führt zum Wald hinauf. Hier wendet er sich nach links und führt landschaftlich sehr schön über einen Trampelpfad zum Kloster Maria Laach zurück.

Der Templerweg ist bei gpsies.com gelistet. Siehe QR-Code.

Geocache zur Geschichte:

Das geheime Vermächtnis des Tempelritters

Typ: Tradi
GC-Code: **GC3VNAA**
OC-Code: **OCE416**
QR-Codes: ja
Schwierigkeit: 2
Terrain: 3
Größe: normal

Der scharlachrote Pimpernel

Im 14. Jahrhundert, als die Tempelritterorden verfolgt und aufgelöst wurde, waren viele Tempelritter gezwungen in den Untergrund zu gehen.
In seiner Folge hörte man oft in Gasthäusern zwischen Trier und Koblenz den unflätigen Trinkspruch:

Man sucht ihn hier, man sucht ihn dort,
der Erzbischof aus Trier sucht an jedem Ort.
Ist er im Himmel? Oder doch in der Höll'?
Der verdammte, unfassbare Pimpernel.

In jenen Jahren war der scharlachrote Pimpernel ein übler Feind des Erzbischofs von Trier. Bei seinen Überfällen auf die Trierer Steuereintreiber und die gut gefüllten Steuerkassen trug er eine rote Stoffmaske vor dem Gesicht und hinterließ eine scharlachrote Feder als Zeichen des ehemaligen Templerordens. Der scharlachrote Pimpernel nahm der Kirche ihre Kassen und verteilte das Geld unter den Bürgern. Das machte ihn beim Volke sehr beliebt, die Menschen hielten zu ihm. Dagegen hasste ihn der Erzbischof umso mehr.

Wer er war, der scharlachrote Pimpernel? Niemand wusste es, selbst seine eigenen Leute nicht. Oft wurde hinter vorgehaltener Hand gemunkelt, er sei von adeliger Geburt.

Seine geheime Bleibe befand sich im Einzugsbereich des Königreiches Laach, zu dem auch das Gebiet des heutigen Kobern - Gondorf gehörte. Und genau hier, auf der ,oberen Burg' mit der Matthiaskapelle hielt sich der scharlachrote Pimpernel sicher verborgen.

Nur einige Vertraute wussten, dass er sich oft in einem Wirtshaus im heutigen Stadtteil Moselweiß Koblenzer aufhielt. Sein Freund, der Wirt, hielt seine starke Hand schützend über ihn, den scharlachroten Pimpernel, der im Wirtshaus nicht nur aß und trank, sondern auch ab und zu übernachtete.

Nun geschah es, dass der Trierer Erzbischof ein Kopfgeld von 50 Goldtalern auf die Ergreifung des scharlachroten Pimpernel aussetzte – tot oder lebendig!

Ausgerechnet der Wirt schlich sich zum Erzbischof, um den scharlachroten Pimpernel zu verraten. Der Erzbischof rieb sich die Hände voller Vorfreude. Endlich würde er des scharlachroten Pimpernel habhaft werden und dem Henker Arbeit verschaffen! Er, der Erzbischof, wäre er wieder Herr der Lage an der Mosel!

Es wurde ein Signal ausgemacht, und der Wirt schlich wieder nach Hause.

Bald kam der Tag, an dem der scharlachrote Pimpernel ins Wirtshaus einkehrte. Der Wirt hing das vereinbarte Signal, eine brennende Laterne, auf und wartete. In den frühen Morgenstunden, kurz bevor die Sonne aufging, umstellte ein Trupp Soldaten das Wirtshaus. Ein Teil von ihnen stürmte in das Wirtshaus, wo sie der Wirt zur Kammer des scharlachroten Pimpernel führte. Schnell drangen die Soldaten in die Kammer ein und fanden den scharlachroten Pimpernel schlafend in seinem Bett. Sie hoben ihre Dolche und stießen gleichzeitig zu. Geschafft! Der scharlachrote Pimpernel war mausetot!

Das zumindest dachten die Soldaten. Doch als sie ihre Dolche wieder aus der Bettdecke zogen, floss kein Blut! Sie schlugen die Bettdecke zurück, aber da nicht der scharlachrote Pimpernel, sondern nur ein mit Stroh gefüllter Sack.

Rasend vor Wut durchsuchten die Soldaten das restliche Wirtshaus, den scharlachroten Pimpernel aber fanden sie nicht. Daraufhin berichteten die vor dem Wirtshaus postierten Wachen von einem Knecht, der mit drei Ziegen, sieben Schweinen und einem Esel aus dem Stall des Wirtshauses kommend zum Pferch und zur Weide gezogen sei.

Als die Soldaten den Ferch erreichten, fanden sie dort die Schweine. Auf der Weide grasten die Ziegen. Vom Esel und dem Knecht jedoch fehlte jede Spur. Wieder einmal war ihnen der scharlachrote Pimpernel entkommen.

Den Wirt, der seinen Freund verraten hatte, ließ seine Schuld nicht mehr los. Knapp eine Woche später richtete er sich selbst. Der scharlachrote Pimpernel kämpfte noch jahrelang zur Freude des Volkes gegen den Erzbischof.

Gefasst wurde er nie.

Rundwanderung: Der Ritter-Weg

Die Länge dieser Rundwanderung beträgt ca. 6,43 km. Damit ist sie recht lang, aber sie führt an zwei von mir gelegten Geocaches vorbei. Er führt landschaftlich sehr schön am ‚Kraterrand' entlang, aber auch durch die Weiten der kultivierten Ackerflächen am Laacher See.

Der Ritter-Weg ist bei gpsies.com gelistet. Siehe QR-Code.

Geocache zur Geschichte:

Der Scharlachrote Pimpernel

Typ: Tradi
GC-Code: **GC3M4T6**
OC-Code: **OCE459**
Entfernung:
Schwierigkeit: 2,5
Terrain: 2,5
Größe: normal

Weitere Geocaches

Fuchurs Schatz	GC1VRMK
Cache am weißen Kreuz	GCJ2ZN
Steinreiche Gleeser	GC3T9K5
Photovoltaik	GC1Z1WK
Earthcache Gleitfalte Glees	GC22Y2C

Der Jakobsweg durch die Eifel – Der Eifelcamino

Die Wege der Jakobspilger sind ein System von ausgeschilderten und in Führern beschriebenen Pilgerwegen, das quer durch Europa nach Santiago de Compostela führt. Sie orientieren sich in der Regel an den historisch nachweisbaren Routen mittelalterlicher Jakobspilger, ermöglichen aber auch ein ungestörtes Pilgern abseits verkehrsreicher Autostraßen. 1987 erhob der Europarat die *Wege der Jakobspilger in Europa* zur ersten europäischen Kulturstraße (*Council of Europe Cultural Route*). Die Bemühungen um eine Wiederherstellung des Wegenetzes wurden auch von der UNESCO gewürdigt: 1993 erhielten der Camino Francés und 1998 die vier französischen Hauptwege der Jakobspilger den Status eines Weltkulturerbes der Menschheit zuerkannt. Voraussetzung für diese Anerkennung war die Erwähnung im Liber Sancti Jacobi des 12. Jahrhunderts.

Im Landkreis Mayen-Koblenz kann man auf einer interessanten Wegstrecke die Spuren der Jakobspilger verfolgen.

Der zwischenzeitlich „Eifelcamino" benannte und entsprechend gekennzeichnete Pilgerweg führt zu Anfang entlang des Rheines, vorbei am Kaltwasser-Geysir, und zur Burg Namedy bis zur Stadt Andernach mit ihrem Mariendom. Von dort geht es weiter durch die Orte der Pellenz, geprägt durch den Vulkanpark, der viele Sehenswürdigkeiten und Natur bietet.

Lohnenswert ist die Wegvariante von Kruft zur weltberühmten Benediktinerabtei Maria Laach am Laacher See.

Je nach Wegvariante pilgert man zum Wallfahrtsort Fraukirch und weiter

durch das schöne Naturschutzgebiet Thürer Wiesen nach Mayen. Oder man wählt die Alternative
von Frauenkirch nach Mendig über Kottenheim.

Über Kottenheim führt der Weg zur Eifelstadt Mayen und danach zum historisch bedeutenden und außerordentlich romantischen Pilgerort Monreal, bis man den malerisch gelegenen Heunenhof erreicht.

Und weiter zieht sich der Jakobsweg durch die Eifel entlang der Mosel bis nach Trier. Ab hier geht es über Frankreich zu den Pyrenäen weiter zum eigentlichen Ziel des Jakobsweges: Santiago de Compostela.

Viele Geschichten haben seit dem Mittelalter den Pilgerweg und seine ,Heiligkeit' beschrieben. So die nachfolgend beschriebene Geschichte vom Hühnerwunder.

(Quelle: Wikipedia)

Zum Eifel-Camino ist ein Wegbegleiter erschienen. Herausgegeben wird er von der Matthiasbruderschaft Mayen. Er ist im Buchhandel erhältlich: ,Unterwegs auf dem Eifel-Camino', ISBN 978-3-8423-7082-1.

Der Jakobsweg und das Hühnerwunder

Das sogenannte Hühnerwunder von Santo Domingo de la Calzada ist eine eng mit dem Jakobsweg verbundene Legende.

Zur Blütezeit der Wallfahrten nach Santiago de Compostela soll eine Pilgerfamilie aus Xanten nach Santo Domingo de la Calzada gekommen sein. Sie übernachteten in einem Wirtshaus.

Die Wirtstochter fand den Sohn der Familie sehr attraktiv, der – fromm und keusch – ihr amouröses Angebot aber zurückwies. Die Zuneigung der Wirtstochter wandelte sich in bösen Zorn, sie sann auf Rache und versteckte einen Silberbecher aus dem Wirtshaus in seinem Gepäck.

Der Wirt bemerkte am Folgetag den Verlust und schickte die Stadtbüttel aus, die auch schnell fanden, was sie suchten. Der junge Mann wurde nach kurzem Prozess aufgehängt, und die Eltern zogen traurigen Herzens weiter nach Santiago.

Auf dem Rückweg kamen sie wieder an der Richtstatt vorbei, wo sie ihr Sohn ansprach, dass er gar nicht tot sei, weil ihn (Version 1) Santiago bzw. (Version 2) Santo Domingo gehalten habe. Die Eltern liefen daraufhin zum Richter, der vor einem Teller gebratener Hühner saß, und berichteten das Vorgefallene. Der Richter antwortete, dass ihr Sohn so tot sei wie die beiden Hühner vor ihm, worauf diese sich erhoben und davonflatterten. Nun wurde der Sohn ab- und der Wirt aufgehängt. Die Familie zog weiter nach Hause.

Diese Legende existiert in vielen Versionen auch jenseits des Jakobsweges. Auch künstlerische Verweise auf das Wunder finden sich immer wieder.
Natürlich könnte diese Legende auch an der Mosel stattgefunden haben.

(Quelle: Wikipedia)

Rundwanderung: Der Jakobsweg

Diese Rundwanderung ist ca. 6 km lang, folgt ein Stück weit dem von der Matthias-Bruderschaft Mayen ausgezeichneten Jakobsweg durch die Eifel. Er beginnt an der Basilika des Klosters Maria Laach und führt über das Naturfreundehaus zur Alten Mühle. Hier wendet er sich wieder dem Laacher See zu führt durch den BIO-Garten des Klosters Maria Laach.

Der Jakobsweg ist bei gpsies.com gelistet. Siehe QR-Code.

Geocache zur Geschichte:

Der Jakobsweg

Geocache: **Auf dem Jakobsweg**
Typ: Tradi
QR-Code: LaCita
Schwierigkeit: 1,5
Terrain: 1,5
Größe: QR-Code, hinter Tafel

Weitere Geocaches

TB Hotel Laacher Mühle	GC1CJ6M
Hinter Wingertsberg	GC23RNK
Die Wingertsbergwand	GC13QF4
Des Schneiders Versteck	GC361HG
Ein Waldspaziergang	GC34D45
Des Waldsees Vögel	GC314BE
Teufelsblick	GC13PHN
Stumpfsinnig	GC2TZ3T
Die alte Bimsgrube am Laacher See	GC12XH7
Alte Bäume	GC24X28
Gemeinschaftsprojekt: Madonna hinter Gittern	GC2323H
5509 555	GC1K95J

Rundwanderung: Der Gerd-Otto-Gedächtnisweg

Die Rundwanderung führt zu einem der ‚Aussichtsberge' am Laacher See und verläuft deshalb ein wenig steil.

Der Gerd-Otto-Weg ist bei gpsies.com gelistet. Siehe QR-Code.

Geocache zur Geschichte:

Als die Germanen frech geworden ...

Typ: Tradi
GC-Code: **GC3KZB1**
OC-Code: **OCE28D**
QR-Code: nein
Schwierigkeit: 2
Terrain: 3
Größe:

Der Geocache wurde zu Ehren von Herrn Gerd Otto aus Wehr gelegt. Er hat sich viele Jahre lang um die Archäologie im Raum Osteifel verdient gemacht und ist Autor des „Auf den Spuren der Römer in der Osteifel", Sutton Verlag 2009.

Rundwanderung: Ayurveda – Meditationsweg

Zum Abschluss möchte ich einen Meditationsweg durch den Kraftwald, ganz in der Nähe des Hotels Waldfrieden, beschreiben. Er ist 2,95 km lang und mäßig hügelig. Er verläuft zunächst über Waldwege und später etwas ‚wild' bergan zu einem Wasserspeicher.

Das Besondere an diesem Weg ist, dass er touristisch kaum genutzt wird. Erführt durch einen Buchenbestand, dessen Kraft und Gesundheit schon körperlich spürbar ist.

Der Ayurveda - Meditationsweg ist bei gpsies.com gelistet. Siehe QR-Code.

 Ayurveda – Haus, Bell

Autor

Foto: dasfotoforum.de, Andernach

Gerd Treschhaus (*1952 Witten/Ruhr)

ist als Erzählkünstler und Vulkanparkführer in der Osteifel unterwegs. Aufgewachsen in Witten/ Ruhr erlernte er zunächst den Beruf des Starkstromelektrikers. Nach Studium und Abschluss als Dipl. Sozialpädagoge & Musiktherapeut arbeitete er in verschiedenen Rehabilitationskliniken; später in der Erwachsenenbildung.

Ab 2000 studierte er am TUT in Hannover Clown, Komik & Theater mit dem Abschluss als staatlich geprüfter Clown. 2004 machte er sich als Künstler selbstständig. Eine Ausbildung zum freien Geschichtenerzählen kam 2009 hinzu.

Seitdem tritt er als Erzählkünstler auf und bietet seit 2012 Erlebnisführungen und Historie Krimiwanderungen rund um den Laacher See im Auftrag der Tourist-Information Brohltal, Niederzissen an. Er ist seit drei Jahren mit dem Geocaching-Virus infiziert.

Literatur - Eine Auswahl

Wiegard, Marcus: Wanderführer Eifel, ISBN-10: 3765458937

Hans Schminke: Vulkane im Laacher See-Gebiet, ISBN-10: 3925094210

Schäfer, Klaus: Sagen und Geschichten Laacher See, Fraukirch und Andernach, ISBN-10: 386680234X

Poller, Ulrike: Traumpfade, ISBN-10: 3942779153

Alender, Sven; Stauber, Kathrin: Forscherhandbuch für Geocacher, Ravensburger

Schminke, Ulrich: Vulkane der Eifel, ISBN-10: 382742366X

Kompass: Wanderführer, Ahrgebirge, Osteifel, ISBN-10: 3813401677

Bogler, Theodor: Maria Laach Vergangenheit und Gegenwart der Abtei am Laacher See, Verlag Schnell & Steiner

Wiemer, Karl: Der Fulbertstollen am Laacher See, ISBN-10: 386526042X

Matthiasbruderschaft Mayen: Unterwegs auf dem Eifelcamino, ISBN 978-3-8423-7082-1

Otto, Gerd: Auf den Spuren der Römer in der Osteifel, Sutton Verlag 2009

Vesser, Elmar: Fehden, Fälschungen und Hoffnung auf Barmherzigkeit, Verbandsgemeinde Brohltal 2003

Fischer, Ulf: Die Jagd nach dem Schnitzel in der Dose, BoD 2011

Jakob, Ramona: Abenteuer Geocaching, Mosesverlag 2012

Kohlbacher, Timo: Das Hobby Geocaching, Books On Demand, 2013

Historische Krimiwanderung in die Zeit des Pfalzgrafen Heinrich II. von Laach. Geeignet für die ganze Familie.

Im tiefsten Mittelalter, als die Maiden noch tugendhaft und die Ritter rostig waren, ragte am Laacher See drohend das düstere Gemäuer der Burg des Pfalzgrafen Heinrich II. von Laach.

Auch wenn die Burg düster war, wurde auf der Burg getafelt, gezecht, gepredigt und gar gesündigt.

Doch eines Morgens findet man den Pfalzgrafen tot in seinem Bett. Vergiftet mit dem Gift des blauen Eisenhutes; ein wahrlich qualvoller Tod.

Der Abgesandte des Erzbishofs von Trier, mit Namen Fabius von Hohenheim, ein Gelehrter, trifft auf der Burg ein, um den Tod des Pfalzgrafen Heinrich II. von Laach aufzuklären. Die Burg erwacht zu Leben in der Gewissheit, dass ein Mörder innerhalb der Mauern zu finden sei...

Wird es Fabius von Hohenheim gelingen, den Mörder zu finden und dem Henker zu übergeben? Welche Rolle spielt der Prior des Klosters Maia Laach, dessen Bau gerade erst begonnen wurde. Und wird Fabius von Hohenheim einen weiteren Giftmord verhindern können?

Eine historische Krimiwanderung, die die Teilnehmer in die Vergangenheit am Laacher See entführt.

Gerd Treschhaus spielt den Abgesandten Fabius von Hohenheim und bezieht seine Teilnehmer mit ein. Geschichte, wie sie nur so lebendig wird.

Ein echtes Abenteuer, ganz im Stil des beliebten Stückes „Der Name der Rose" von Umberto Eco. Regelmäßige Erlebnisführung mit Gerd Treschhaus als Fabius von Hohenheim.

Info: Tourist-Information Brohltal   Email: tourist@brohltal.de

Lufo's Welt (eBooK, ePUB)

ISBN 13 978-3-8476-3626-7   Preis: 4,99€

Erhältlich bei Buecher.de, Amazon usw. oder www.neobooks.com.